*Thierry
Mon
Frankfurt
2007*

KOON
books

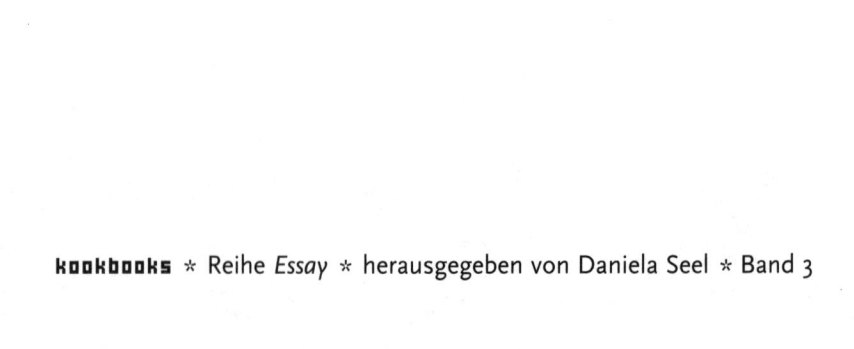

kookbooks ∗ Reihe *Essay* ∗ herausgegeben von Daniela Seel ∗ Band 3

Hendrik Jackson

Im Innern der zerbrechenden Schale

Poetik und Pastichen

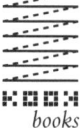
books

Die »HAMANNIANA EINES NIEMANDS« entstand als Auftragsarbeit im Rahmen des Projekts »Rede, dass ich Dich sehe. Schriftsteller im Dialog mit Johann Georg Hamann«, das die GWK, Münster, aus Anlass des 200. Jahrestages der Säkularisation in Westfalen 2003 durchführte, und erschien zuerst in »Rede, dass ich Dich sehe! Wortwechsel mit Johann Georg Hamann« im Rimbaud Verlag, Aachen 2007.

1. Auflage 2007
© 2007 **kookbooks**, Idstein
Alle Rechte vorbehalten
Gestaltung: Andreas Töpfer, München
Gesetzt aus der FF Scala Sans & der Kookone
Druck & Bindung: Steinmeier, Nördlingen
Printed in Germany
ISBN 978-3-937445-24-3

INHALT

TRANSZENDENZEN ODER	
IM INNERN DER ZERBRECHENDEN SCHALE	7
KREUZZUG DER POESIE	23
BRAUSENDE BULGEN – THESEN ZU DEN THESEN	33
SCHUTZ VOR NACHSTELLUNG –	
MEINER VORSTELLUNG NACH	45
LIAISON FÜR AHNUNGSVOLLE UMTRIEBE	49
HAMANNIANA EINES NIEMANDS	61
POESIE UND PASTICHEN	77
ÜBERSETZUNG NACH NEIGUNG	78
PASTICHEN ALS ENTEIGNUNG	96
JUNGE BASTARDE	114
HIRNGESPINSTE *(PAUME)*	135

**TRANSZENDENZEN ODER
IM INNERN DER ZERBRECHENDEN SCHALE**

Feuerei, weites Eis

War jetzt nicht, wie zu Vorzeiten, Frühlicht – und dahinein ein Bannspruch: gleißende Sonne, zerstäubende Wucht? Und die Schale zerspringt, ein ums andere Mal, hundertmal vorgestellt, dass das nicht ginge. Aber auch: ausbrechender Jubel – die Zunge stammelte, gefror im Morgenfrost und wollte doch reden wie nie. Suchte wuchtige Bilder, die über den Berg trügen, geschweigsam ihn versetzten. Und wie es wäre, in beschwörenden Pamphleten Räderwerk und Werktag zu bekräftigen, in Erzählungen unverwundbare Löwen zu erlegen – oder die Pferde Euthyphrons durch unwegsames Gelände jagen? Am ehesten wohl der geduldige Ritt auf einem Esel, ein Pilger, dessen ausgemergelten Körper man nach langem Weg über den Pass in die trockene, staubige Dachkammer eines alten Hauses trug – seufzend: Warum rollen hier zu Marmorkugeln eingerollte Regenbogen?
Ich wachte auf, wie benommen, demütig zusammengezogen: Winterei und brennendes Eis ... alles berührende Winzigkeit, ich lag da, rücklings, flackernde Lichter in leerer Wohnung, begreif: Tische und Verrichtungen, so zerstreut, und das Glas in dir, das beschlägt; deine Behausung, wo der Wind in die Ritzen fährt, phantastisch ausgreifende Fabulierkünste, Atem, wegfließende Wahrnehmung unter der Hand – haltlos – mit der ganzen Demut – noch stolze Gesichtszüge am Morgen, aber sorglos gewendet.

Urteil, Ursprung, Urgestein – und ein leiser Riss, der sich durch den Schieferton des Gebirges zieht. Seit dem Zerbrechen der Urgefäße ist in aller festen Umschlossenheit Dunkel, Dünkel, halbes Licht *(die Krankheit der Bilder)*, durchschimmernd, und Glibber oder Spiegelei, ein Ei im andern gespiegelt, Beispiel, beliebig oft im unendlichen Oval, eingefasst, sicher, ausgekocht.

Doch Schlitzohr Amor schickt Pfeile, Schalen spaltend. Die erste Liebe, sagt Dante, baut das Tor zur Hölle, dahinter: brennende, konzentrische Landschaften, lodernd? Zurückvereinigung zum Urlicht muss entflammt werden? Höllenringkämpfe um die philosophische Definition des Infiniten *(deleuzianischer Schwefel-Schwafel zieht auf, die hegelschen Pfortenhunde zu vertreiben, die den guten, alles umschließenden Kreis beschützen)*.
Zartheit bricht und bricht auf, Liebe drängt und fängt an, nicht auf, hält nie hinterm Berg, aber dich *(der Eiertanz der Begierde)*? Bruchstücke von Schalen, die warm an einem kleben. So bleibt die Aufgabe: die Funken aus den üblen Schalenstücken zu befreien. So sah ich es: Sie schwebten über einem bauchigen Gefäß, das sich in einem aufschimmernden oberen Rand als breite Schale öffnete. Dahinter reflektierte ein zweites, größeres Gefäß das Funkenspiel, doch konnte man dessen Form nicht klar erkennen. Ganz deutlich nahm ich nur zuunterst eine kleine Schale wahr, in der ein Löffel steckte.

Ein weißer weißer Tag ... jetzt erinnere ich mich ... wie aus einem Delirium aufwachend sah ich mich vor den Toren der Stadt ... Petersburg, meine Freunde ... hinter den Bergen ... blaue Paläste, durch den Schnee stapfend, die weiten Felder, ein Gehen und Gehen, verschmierte Busse rumpelten vorbei, kehrten wir ein in die Kabak, das Einsiedlertum verbeulter Aluminiumtische betrachtend, salzige Fischreste und schwankende Wahrnehmung: Während grenzenlos Aufgelöstheit an die Fenster schwappte, wir bereit waren, alles hinzunehmen, unser Anspruch auf Lauterkeit überbordete, verfielen wir immer mehr einer Einfältigkeit *(hundert Häute dick wie Stierköpfe fielen von uns)* und, eingemümmelt in dicke Kokons, wie Schalentiere üppige, steife Last auf den Schultern tragend, setzten wir uns den Böen aus, inmitten der breiten Straßen voll Glück, in dieser leeren, vereisten Epoche, im

Zentrum: stiller, immer stiller, Schnee fällt in die Körper *(offene Kathedrale)*. Knospende Erinnerungen, sich öffnende Welt, Zusammenkauern, durchsichtige Häute ... vorwärts, auf Balkone, Papirossy rauchend und in den Frühnebel mutmaßend: Ätherluft!, Graunebel, Schwere und Zartheit.

Sieben Tage saßen wir sodann, gefaltete Gedanken wie zierliche Hände im Stillschweigen des Erstaunens, und ich bin nun mit all dem wie jenseitig vertäut, im Tauwasser des geschmolzenen Eises überströmt, aber gelassen stehend. Glitzern der schüchternen Wimpern über gleißendem Schnee, liquide Symbiosen oder müde unser tägliches Münden, Rinnsale zur Erde: wie nah da alles kam unter weit überspannenden Losungen. Also aßen wir Gras wie Rinder, mein Leib lag unter dem Tau des Himmels, wir lagerten um brennende Lampen *(Feuerei und weites Eis)*. Wasser, das verglimmt und verglüht. Troffen wir vor Eiden, Schwüren, zusammen Verschworenes, trunkene runde Augen der Freunde und ominöse Oden an ein Jenseits, haltlos, letztlich schwach, schwingt der Jubel zur Klage, zum getragenen, ertrunkenen Tonfall abwärts den Hang.

Das Ei zerspringt – und eine Weltlandschaft reißt auf. Die gläsernen hellblauen Häute, rundum gespannt. Schäfte stechen ins Blau des Horizonts, Dämonen krauchen hinzu aus üppigem Gebüsch, wilde Vegetation, Stängel mit Öffnungen, schlank und gebaut wie Posaunen, Kelche, Vulva, Cupiditas, und wo wächst Leben? Umhüllung, Oval. Werden wir wortbrüchig, wenn wir das Ei abzuschleifen suchen zum Kreis, der immer dreht und dreht *(das unreife Rad der Geschichten)*? Abgrund, über den lecken die Feuerzungen, kleinste Risse, rot im Schwarz, Begierde meint ein Ei, keine Sphäre – aber jetzt halb Tierleib, der aus der Kugel stakt, halb Engel im Innern, und dann wieder, viel später – schweben wir über der Höllenlandschaft als verbrennender Papierschnitzel, einsam, schwach, in die lichte Höhe, wo wir zerstreut werden in alle Winde.

Nun nichts als Spiegelungen, Flimmern noch und noch, glimenlichte Strahlen: Bergkristall, so sollten wir nicht zu lange ins Offene schauen *(Blendung)*: Weiß, Weiß, nichts als Weiß, gleißend – schneeblind kehren wir heim in die *(beleuchtete)* Stube.

Wir projizieren *(nüchternes)* Licht im Innern des Eierkinos: Bild an Bild. Und jedem Bild korreliert eine Anschauung, jeder Anschauung ein Standpunkt, jedem Standpunkt eine Positionierung, jeder Positionierung eine Pose und eine Geste. Die Pose, Götze der Erstarrung, dürfte jederzeit bröckeln. Nur Überschwang setzt aus der Starre in Bewegung und über sie hinaus. Im Schwange sein heißt im Schwung zu Ungeahntem. Das Tönerne des falschen Götzenbildes wird durch Posaunen zum Einsturz gebracht. Die lächerliche Macht der Nachahmung räumt die Stätte für die Nacht der Ohnmacht, aus der wir anders hervorgehen. Luftholend und atemnehmend, aus voller Lunge, weite Tragflügel und Überschwang. Schwärze ringsum, dann wieder Überblendungen, klettet sich ein Bild im Andern fest, gleitende Vereinigung, und erst nach langen Phasen der schmerzhaften Rekonvaleszenz: jene Spätlichtklarheit, Aufzeichnung von Kompendien, Bezeichnungen und milde Stille eines abgeschirmten Kolorits, sachgemäß und ausmessend die Wölbung der Schale.

Beginne ich noch einmal, unendlich geduldig gegenüber meiner und aller EselEI, mit Allem und Nichts, nach Hegel, freimütig. Das Ei, die kleinste Zelle und das Weiß des Eises, alle Farben in ein Nichts verwandelnd. Das gute Unendliche und die Negation der Negation *(der Begrenzung)*. Weiß des schimmernden Eises und Weiß des Eis, das durch die Haut durchscheint. Das alles, verwandelt in ein Bild-Kristall: nicht der blasse Schimmer eines

Ganzen *(dünner Film unter der Schale)*, sondern die volle Klarheit, gebrochen im Werden, in Sprache festgefroren *(Niederschrift von der smaragdenen Felswand)*:

Aus dem Sein kommend das Nichts, aus dem Nichts kommend das Sein, das reine Sein, das reine Nichts *(gesteigerte Einsamkeit im Vermittelten)* – und schließlich, quasi monadisch eins ins andere auflösend, nun endlich: Weisheit Weißheit Eiszeit Eiweiß, lächelnd. Und der allseits umpendelte Denker gibt uns zu Protokoll: »Welt als Sphäre, Ich als Zirkel, Gott als Zentrum, das ist die dreifache Blockade des Ereignis-Denkens.« Doch ritzt die Poesie den Riss, durch den die ganze Hemisphäre der Wiederkehr durchsickert. Erlösung und Entbehrung, christliche LeidenSchaftsphilosophie durchzieht unsere Gemüter.

Transzendenz

Ist die Wiederkehr der Sprache ihr Entstehen und verwandt dem Verstehen, dann läuft dieses doch jenem nach, wandert ins Gebirge, den Blick verstellt, vielmehr auf forteilende Absätze geheftet.
Und die Erinnerung läuft mit. Das alles kommt mir so bekannt vor ... Doch gibt es Verirrungen, gibt es auch ein Erinnern nicht so sehr aus einem Bewegungsmechanismus heraus, kein Wiedererkennen und Vorschreiten zu einem nächsten Wort und Objekt, sondern eine Art Nichterkennen und damit versuchte Wiederkehr zum *(imaginären)* Objekt *(Sinn)*, eine abwartende Haltung, die wiederholt, um aufzusuchen. Entstehen sei ein Herausgehen aus dem gesicherten Standpunkt, ein Sich-in-Bewegung-Begeben. Erinnern und ins Unbekannte ziehen sind als Bewegungen im Entstehen bereits wie verwandelt. Und tatsächlich wächst mit jedem Erinnerungskreis, der sich uns einwächst, die Notwendigkeit, im Entstehen das Entstandene selbst als Grund jeden Entstehens neu zu schaffen. So ist jeder Zug in die ursprünglichste Erinnerung ein neuer Versuch und ein eigenstes rückwärtiges Schreiten, nochmal umkehrend im Scheitern, das die Wiederkehr von allem verheißt. Wie Scheitern nur kann, wer zugleich *(vergleichend)* rückwärts schreitet, so kann im nach innen wachsenden Rückzug ins Innerste das Scheitern sich wenden in ein Entstehen von Verwegenstem. Dem Zug um Zug am Ewigen Scheiternden korreliert ein Sichweiten der Erinnerung ins eigenste Ereignete. Dafür ist es nötig, gewinnende Standpunkte aufzugeben, alle »Weiter!«-, »Schneller!«-Sportlichkeiten zu vereiteln.

Aus dem Entstehen der neuen Sprache heraus wird Orientierung an Begriffen und Bildern gesucht, die ins Weiß des Eises führen. Jetzt, inmitten dieser Läuterung, wird die begriffliche Nähe von

Sinn und Sinnen nicht von weit her ins Feld geführt. »Die Umwandlung des Leibs wird durch die Erneuerung des Sinns erreicht.« »Und richtet euch nicht nach dieser Welt, sondern wandelt euch um durch die Erneuerung des Sinns.« *(Röm 12,1–3)* Oder, wie Müntzer sagt, der Sinn muss durch Leib Mark Bein Kraft Hirn Hand etc. gehen. Denn in der Erneuerung des Sinns kehrt etwas wieder: Verlebendigung, neue Anknüpfung, unerschöpfliche, nicht sinnlicher Effekt oder eine Verblüffung im Spiel aus Verschiebung und Hintersinn, dem schon ein doppelter, schnell geklärter Sinn für ein lustvolles Verdutztsein reicht. In der poetischen Kreuzung verschiedener Töne ziehen sich die Fäden von Legenden und Visionen zu revisionärer Hangung auf, die herbe Vergeblichkeit im Schlepptau angespannter Vergänglichkeit. Wenn Wirklichkeit im Schatten der Sprache träumt, ist es die Poesie, die die Lichtfäden spinnt, während Erinnerung einen Kreuzschatten auf die Brust wirft. Aus nüchterner Kühle tritt dann Leidenschaft hervor, aus dem schönen Schatten der Erinnerung, und gibt nicht nur einsilbichte Blitze, sondern Füße und Flügel, nicht nur blitzgescheites Abspalten von Splittergedanken, sondern Flügelbögen, die uns hinauftragen oder inmitten der Helle der Details vereinenden Schatten, Labsal spenden *(abdunkelnd)*. Dort, wo der Tag blendete, wird nun Unsichtbares sichtbar, Unhörbares hörbar. Das poetische Kreuz schafft einen Raum von gehörig verteiltem Licht und Schatten.

Jerusalem sei ein Ort der Erinnerung, die Stätte, wo – markiert durch einen äußerlichen Gedenkensanstoß – das Vergangene, das Gedächtnis der Welt, der Ursprung des Glaubens eingeholt werden sollen *(Erinnerung holt das Geschehen ein, das alle Vorwege zeichnete)*, ins Innere gehoben und geheilt. Jerusalem sei ein Ort der Heilung, weil in ihm alle Trennung von Ort und innerem Hort, von Gegenwart und Vergangenheit, von Weltgedächtnis und Gedächtnis in der Welt aufgehoben sei. Doch bricht nicht zuvor am Ziel der Kreuzritter? Müde steht die Gestalt da und blinzelt. Und aus dieser Müdigkeit heraus sagt er Worte, die von weit her kommen und ihn weiter führen, wird durchlässig für die Dinge. Der Kreuzzug zieht ins Weglose der Poesie, in das Entstehen der Sprache, das das Gedächtnis der Welt ermöglicht. Denn »das Gedächtnis ist nicht in uns, wir sind es, die wir uns in einem Seins-Gedächtnis, in einem Welt-Gedächtnis bewegen« *(Deleuze)*.

Der Schnittpunkt aus Ort und Zeit ist die schmerzhafte Verortung, die einen anderen Standpunkt zum Zeitpunkt ihrer Verwirkung unmöglich macht, Schnittpunkt, der andere Orte, unverwirklicht, abschneidet. Der Kreuzzug zieht sich nicht zurück. Sein Ziel ist es, Ort und Zeit kreuzweise durchzustreichen, und doch gibt es den Punkt zwischen Himmel Erde Wasser und Luft, wo sich die Linien schneiden. Die Verortung besagt schon, dass sie verfehlt. Ihr fehlt es an Vollendung. Ihr Ort und ihre Zeit werden durchgestrichen, aber nicht aufgehoben. Der Ort der Verortung ist ein Schnittpunkt, der schmerzt. Die Poesie ist das fast schmerzlose, befreite Äquivalent, Aquavalent: Lichtregen, die Ströme im Dickicht der Schnitte, Kreuzstrahlen, die die Erinnerung bewahren, revisionäres Sprühen.

Denn alles andere, die Banner einzustreichen, statt die Markierung des Subjekts durchzustreichen, scheint verfrüht. Das Gebanntsein in die Gegenwart kann nicht durch den Rückgang in ein Umgehen des Fehlgehens, durch ein Nichtgehen *(ein Wehen, zudem ohne Weh)*, ersetzt werden. Bewegsamkeit geht hervor aus der Wegweite vor Augen. Der Kreuzzug geht fehl und deshalb immer weiter weg, es ist ein weiter Weg bis Jerusalem, der nicht im Kreuzgang beschritten werden kann. Die Verortung ist tragisch, doch unumgänglich. Sie allein hält die Beweglichkeit offen im Widerspruch zur Wirklichkeit. Sie lässt Wirkung zu und damit Wunden. Sie hält unumwunden Zug auf das Wunder, die Auferstehung der göttlichen Sprache. *(Was bleibt, ist das weite weite Eis vor Augen.)* Die Verbundenheit an eine Gegenwart stärkt zugleich die Möglichkeit, sich zu wappnen. Ihr Wappen ist das Kreuz. Der Kreuzzug nimmt das Kreuz in sich auf sich, wenngleich das Gewalt Ende Blindheit Brüche bedeutet. Der Bretterkreuzverschlag, der das Heim für die Rückkehr verschließt, ist zu Beginn. Das Kreuz schließt nach hinten und bricht ins Weglose auf. Die Verortung meint nicht Ankunft oder Übereinkunft, vielmehr im Aufbruch Wissen um Missverstehen und Verstelltes, Widerstreit und gekreuzte Klingen. Nur im Kreuzen des zweischneidigen Schwerts der Sprache klingt der Widerstreit von Wort und Wirklichkeit, von Bild und Blindheit, von Endlichkeit und Unendlichkeit der Sprache an *(Urteil und Seyn)*.

Wie aber davon reden, ich fand den Beweis, geriet ins Unabänderliche, ohne Zeugnis zu finden *(Anaximanders Traum)*. Du mit einer Zunge und morgens sorglos und benommen von frühen Bildern wie in einem halbdunklen Wald: die Taille eines jungen Mädchens, gestern; das Dunkel unter dem Arm. Leicht ausgespannt die Fläche eines Sommers *(das Flüstern hörend)*, nachmittags, vielleicht eine Tätigkeit einstellen, aufbrechend. Stückwerk und *(wogendes Feld)* ganz aufgelöst im Augenblick.
Und doch Realität einer Erdschwere – und die Ahnung, je näher wir treten, desto größer die Entfernung; gelebter Augenblick sei Dunkel, geht die Sage, Blick ins Auge der Gegenwart, der nicht nur ein Viertel nicht wahrnimmt von dem Viertel, was er sieht, das ein Milliardstel der Möglichkeiten sein könnte, sondern das Wahrgenommene selbst ist in sich verstümmelt und zurechtgeschnitten und falsch ausgelegt. »Was jedoch unser Körper in seinem eigenen und unsere Seelen oder Ideen in ihren wechsel-

seitigen Verhältnissen sind und welches die Regeln, nach denen alle diese Verhältnisse sich zusammen- und zersetzen – von alledem wissen wir in der gegebenen Ordnung unserer Erkenntnis und unseres Bewusstseins nichts.« *(Deleuze)* Wir sind weder des Sinns noch des Unbewussten Herr. Dann: die Macht der Sprache, die lang nicht alles ist, aber alles macht und ausmacht, was ist und was nicht. Der Rest ist füllige, rappenschwarze Finsternis *(Füllhorn und unsichtbar herumtollendes Füllen)*, aber bedeutungslos. Dort, wo wir es zu sein glauben, wird die Geschichte ein Anderes hervorbringen. Und doch gibt es Satzgefüge, die treffen oder uns auf erhellende Weise weiterführen. Aber welcher Sinn spräche hier, oder entzündet sich nur eine Leidenschaft, die alles in ihren Bann zieht, Bahn bricht größerer Beweglichkeit?

»Und ich sah und siehe, vier Räder standen bei den Cherubim, bei jedem Cherub ein Rad, und die Räder sahen aus wie ein Türkis, und alle vier sahen eins wie das andere aus, es war, als wäre ein Rad im andern. Wenn sie gehen sollten, so konnten sie nach allen ihren vier Seiten gehen; sie brauchten sich im Gehen nicht umzuwenden. Und ihr ganzer Leib, Rücken, Hände und Flügel und die Räder waren voller Augen um und um bei allen vieren.« *(Hesekiel 10, 9–13)*

Ließe sich annehmen, dieses Gehen sei eine Welle, ein Lichtstrahl *(über und über mit Augen)*, der das Gedächtnis der Welt *(ein Rad im andern, das Räderwerk)* durchleuchtet, der Welt, die seit Anbeginn besteht und steht. Lichtfäden, die auf einen *(göttlichen)* Kristall treffen und in alle vier Richtungen *(und mehr)* sich fortbewegen. Wir selbst sind dieses Licht, wie wir uns auch immer nur selbst beleuchten und dort, wo Helle ist, immer schon sind. Und also spannen Sonnenfäden sich auf. Das ist der Moment, da wir uns im Inneren des Kristalls befinden: Für einen Augenblick *(die*

Anspannung) scheint es, in dieser Bewegung würde ein Stillstehen zirkulieren, ein Gleichmaß der Kräfte *(danach Zerstreuung)*. Im Innern des Kristalls steht die Zeit, wird die Bewegung für einen Moment festgezurrt, aber die Worte geraten durcheinander, noch und noch sprudelndes Stillstehen sommergläserne Luft abends ein Verschwimmen von Vogelrufen oder *wie dieses Mittelmeerblau, die Sonne und am Schulterrücken* ein Mal *(breeze)*. Yield a deadroom, Todraum, Tagtraum vom Lapislazuli, ist der Kreuzzug nun mehr als eine Integralssuche? Der Dichter bedarf des Lichts, der Wärme, keines Gartens – aber eines Entwartens, brausender Bulgen. Ist Sprache ringsum? Und wie? Was ginge aus einer Sprache hervor, die Gott direkt ins Herz – schriebe? Und was hätte unsere Sprache dem hinzuzufügen? Wie das ins rechte Licht rücken? War es nicht das Dunkel, in dem wir suchten?

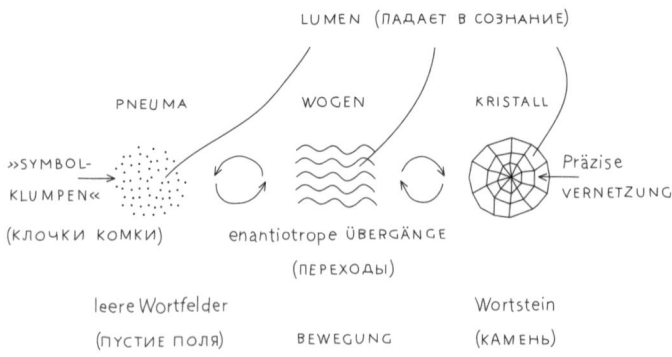

Vielleicht wäre es gut, nicht Erleuchtung zu suchen: diese jahrtausendalte Tradition *(denn dort versammeln sich auch zu einig in der Sonne der Offenlegungen die Kannibalen der Akademien; und das Schlürfen rührte daher: Sie fressen Wörter wie Austern)*. Verzeiht nicht, aber seht aus der Substanzlosigkeit, was euch gefällt, ich hätte eigentlich nichts zu sagen und verspreche mir doch Dauer. Keine Antwort und keine Antwort sind nicht zwei Arten, sich zu entziehen, sondern Frage und verspielte Antwort. Daran werden sich die Philister immer wieder verschlucken, aber sie sprechen ja schon mit einem Knochen im Hals. »Lasst einmal davon ab, Ankerplätze für Gefühle und Gedanken aufzusuchen.« *(Bi Yän Lu)* Sprache evoziert Bilder, Bestimmungen und Funktionen, doch die Dinge wissen davon nichts. Aus diesem Nichts kommt Sprache, dorthin geht sie nebulös, luminös. Der Kreuzzug, das ist das Ungeheuerlichste, muss durch Jerusalem hindurchziehen und wird es am anderen Ende der Erde wieder vor Augen haben *(das Glück, einmal hindurchgezogen zu sein, ohne Aufenthalt gefunden zu haben, ohne Jerusalem zu verraten – weiterhin raten, wo es sei)*. Denn jedes Wort nach Wort besteht ohne Zweck, ohne Bluff, Nachwörter lediglich, in der nachtwachen Nachwache. Sich niemals niederlassend, nicht herabsinkend, und doch Mal zu Mal schlichtend den Streit im Auseinanderschreiten der Zeitwörter, momentlang ein Anhalten, Halten. Auch ein einfaches Aufzählen, schimmerndes Erzählen *(um einen Bogen, Regenbogen, zu spannen)*, Auferzählung am dritten Tag. Was nie zu Augen kam, soll in unsere Herzen kommen, was nie eines Menschen Ohren vernahmen *(im Rauschen hinterm Rauschen)*. Und all das Ungemach, alle kränkende Ungerechtigkeit, wird vom kristallenen Tauwasser überströmt.

Ausblick

Jetzt, wo der Tag allmählich begann, sein Licht auszusenden und es aufzufächern in das Spektrum all seiner Farben – und die noch müde Materie ihre verfrorenen Glieder reckte – lag er regungslos und wartete auf diesen sich erhebenden Tag. Eine ganze Weile war es so ein Liegen und Warten und unter den Lidern wurde es allmählich heller und heller, und dann eine lange Zeit lang nichts, weil er wieder fast einschlief, und erst wurde es helladrig, und dann war da ein riesenhaftes Gebilde. Wie ein Ei spitzte es sich oben zu, rund und schattig. Seine äußerste Schicht war lichtes Feuer. Darunter lagerte eine finstere Haut. In dem lichten Feuer schwebte ein rötlich funkender Brandball. Darunter lag noch eine Dunstzone, eine Wasserhaut. Und er wurde wie ein Rohr vom Wind bewegt. Wie lange war er in solcher Blindheit gelaufen, war immerzu gewandert und wollte niemandem glauben, dass er blind blind sei. Wie lange hatte das dauern müssen.

Und da war kein Ende nicht zu sehen, so er weiterlief, war es ein Laufen immerzu, irgendwo zwischen Nacht und Tag und manchmal inmitten träger Landschaften, die er kannte von ganz früher, manchmal im fremden, aufregenden Wechselblinken und Stürmen unbekannter Gegenden. Und an der Schwelle zum Morgen fand er die kühle Stube wieder aus Stein und ihr karges Inneres und sein ganzes Wissen, das ihn traurig machte.
Die Brust war ja schon lange von irgendetwas erfüllt, das hatte lange geschlafen und in all dem Vergehen war es ganz verdeckt und verschüttet, nun aber wollte es hinaus immer kräftiger. Tisch und Stuhl, das verlöschende Rot ... Der Himmel war jetzt gewölbt wie eine Halbkugel und stand in mattem Glanz über der Ebene ... über weiß-neblichtem Land, wo hier und dort graue Schlieren zogen, und es war eine allverwobene Feuchtigkeit.

Überall waren spitze Dächer und Tannen oder stachelige Stämme und gedrängt volle Wälder, wo die Stämme dicht aneinanderstanden. Seltsam und auffällig waren hörnerartige, spitz nach oben sich biegende Gesteine, die verstreut herumlagen oder aus dem Boden staken. Auch lange Stiele von Pflanzen sprossen zwischen den Felsen und Hügeln hervor. Und das Gefühl, dass das Leben, das man dort bei seinem Treiben belauschte, sich verflüchtigte, wenn es bemerkte, dass ein Auge auf ihm ruht. All die Konturen wuchsen nun immer stärker aus dem vom blendenden Morgenlicht in der Ferne schon hier und dort aufgehellten Nebel, ein rötlich-weißer Schleier lag für einen kurzen Augenblick über der Landschaft, wich einer sanften Helle.

Er entsann sich, dass die Posaune und die Lilie die beiden Enden des Zeigers der Weltuhr darstellten. Und er bemerkte, dass außerhalb dieses Horizonts eine Schwärze blieb, die sich, wenn man in sie hineinzusehen begann, veränderte – hier wurde ein eher graues Schwarz sichtbar, das nach links zu wandern schien, da wiederum schien es, als besiedelten kleine Dämonen die alles verschluckende Finsternis und belebten ihre Stille mit uns unzugänglichen neckisch-teuflischen Spielereien. Er lief jetzt zum ersten Mal den schneeigen Weg entlang. Wie oft hatte er es ihnen sagen müssen. Seine Erfahrung war anders … Sie wollten das Übel nit wegmachen und den Menschen schinden und schaben, wie sollte es da in der Länge der Tage gut werden? Aber nun … wenn es jetzt noch dunkel war, so war es unsere Dunkelheit, unser Figen. Ein Tag gab es dem andern, eine Nacht der andern kund, so saß er auf Hügeln und alles zog vorüber.

Eine silberne Schale und ein müdes gelbes Gesicht und des Mannes feingliedrige dünne Finger tauchten in das sprudelnde Becken eines Brunnens. Ein Kranich mit zu schweren Flügeln hob sich mühsam in die Lüfte, bis sich seine Schwingen in der Lasur schwarz abzeichneten, dann flog er in ein opales Weiß, als führte jemand eine Tuschezeichnung flüchtig aus, trüge sie auf milchiges Papier auf. Er begann, vor sich hinzusummen, veni sancte spiritus, das wogende Feld, wie aus großer Zerknirschung aufzuwachen, da war er in hoher Aufmerksamkeit und alles lag wie am ersten Tag vor ihm. Vielleicht hatte er sich nun alles Überflüssigen entledigt, Erdbrocken lagen herum, Sträucher, ein Fluss, dem er sich näherte – das Rauschen schwoll an.

Endlich war alle Betrübnis fort, leer und nüchtern ging er mit veränderter Kraft den Tagen entgegen, irgendetwas Neues hatte sich in das Herz gebrannt, lange ging es so, durch Städte, übers Land, da waren all die Orte, die ihm so fremd geblieben waren, und jetzt endlich tauschte auch er Grüße aus, merkte sich Namen, kehrte zu einigen Plätzen zurück ... So stand das Gefängnis des Lebens mit einem Mal offen, das war ein ruhiges Zur-Kenntnis-Nehmen, da rauschte das Blättermeer in der stillen Stunde, es war ja noch morgens und wie viel Gedanken hatte er sich schon gemacht, durch die Ritzen drang der Wind, wieder ein Aufrascheln und der Ruf der Amsel, da öffnete er die Augen.

DER KREUZZUG DER POESIE

I.

Hier sei die Rede von Tendenzen der Sprachkomprimierung und -entfaltung, nicht so sehr von In-Tendenzen als von dem, was als *(unbewusst/bewusst)* Intendiertes durch diese oder jene klandestine poetische und poetologische Hülle durchscheint, hält man *(von schräg)* Licht darauf.

Könnte Dichtung wie ein Storchenschnabel gewachsen sein? Details sollen wir sehen, Vergrößerungen nicht nur der Details, sondern repräsent die Welt und was in *(vergrößerter wie vergröberter)* Sicht Struktur wird *(molekular, monadisch)*: wie in einem vielfach lichtbrechenden Kristall: was war, was sein wird — — — im Anschluss, im Anspruch, im Anklang.

Moment — sagen wir und gehen zunächst nur aus von Notizen, Alltagsmüll, Diarischem, fotografischen Stills, kurz: Aufzeichnungen. Das Abgebildete, das Bild und das Blatt *(und den Zeichner über ihm)*. Schon überschreiben sich die Spuren der Kopisten. Und wenn das Foto das Archiv der Netzhaut ist, so ist die Sprache das der Stimmungen, Atmosphären und bildet soziologische, private, geschichtliche oder traumatische Ablagerungen *(»Ich hielt das Bild in Reimes Netz gefangen«)*. Vernetzt, entsetzt, besetzt, vertrackt: die Wirklichkeit im Bild. Der Ausschnitt eines Bildes, der die Welt sein soll. Welt, die aus Bildern besteht. Das Abbild eines Bildes der Bilder. Schiebt sich das nicht unaufhörlich ineinander? Ein *(un)*stetes Verweisen, als wäre Sinn ein *(monetärer)* Zirkellauf mit fiktivem Wert und realen physiologischen Impulsen? Gebietet den Sinnen nur dasjenige Halt, was als Faktum sich ausweist in einen Auskühlraum, in eine Kontemplation?

Noch durch alle Bilder hindurch wirkt, wo wir uns auf der helleren Seite des Ufers positionieren, die Vorstellung: Man sähe sich von Realität umstellt. Man schneidet aus ihr, man kopiert sie,

man verfremdet oder *homo*genisiert sie, man wählt aus Bildern aus, wie auch immer. Man transponiert unbestimmte Erfahrung in Worte, Metaphern und Begriffe, die sie angeblich widerspiegeln; Begriffe, die wir anstelle des Wirklichen wie Greifbares zu Händen Ohren Augen nehmen.
Hochgewachsen geht heute der belesene Dichter durch das Museum der Geschichte, notiert Privates, in das sich das auf Tafeln angebrachte Wissen mischt; in die Metapher birgt er den Versuch, zwei Welten ineinanderzuspielen, als gäbe es einen Vorführraum der Poesie, eine Lichtspielprojektion, wo übereinandergelegt die Bilder ein dreidimensionales, in die Zeit weisendes Panorama ergäben – oder ein Blendwerk. Schon naht die Gefahr des Pittoresken.
Allzu schnell werden Befunde geklärt. Geschichte wird als Mergelgrube gedacht, aus der man aufliest und findig Gesammeltes machtvoll zu seinem Ebenbild zusammensteckt.

Wirklichkeit: augwärts und handkantig spürbar Material, sechsgefächertes Gewohnheitsja, Selbstverstelltes, verschoben neu ineinander, dass man staunt: ach das? Was also immer Partikulation, Ausschnitt und Fenster, zuweilen Fensterrose ist. Kurze Beleuchtungen, fast schon Spucknäpfe, bilden Lachen, flirren, spiegeln, Licht-Seen, die die Welt sein sollen, letztlich, doch. Ersatz und ganze Sätze, wie Stellwände, auf die Schattenbilder geworfen werden. Wenn etwas fürwahr ins Ausgebuffte genommen wird, ins samtig ausgeschlagene Kabuff mit Panoramafenster. Und unbenannt, unbekannt am Ende.
Auch der alte Traum vom plötzlichen Einfall – eine hochsteigende Montgolfiere! – Resultat, o Schützling der Applausarena, einer genauen Beschreibung, eines Madeleine-Geschmacks, flektiert veredelt in einer verbluffenden Bildwendung, die doch schlicht sein will noch da, wo sie Anspielungen auslegt und sich eines wissenschaftlichen Fundaments bedient.

Schon auch mal am historischen Fall ausgestellt oder ans Metaphysische geknüpft, können solche Exposen gefährlich gefällig *(mit schnellem Seitenschub)* erfolgen. Tierstaunen noch vor einer einfachen Turmuhr, die im Metaphernbogen mal als solches, mal als solches aufscheint. Aufgepasst! O Wiederkehr einer Wahrnehmung, eines Welt-Alls, als alles ineinanderstieg und unendlich groß war ... Weltseele! – Brunosche Planeten und bergsonsche Kegel.

Posen aber haften noch an dem Grund differenzierter Ansichten: dunkler Landschaftsbilder, expressiver Malereien, gleich wo. Pose ist ein sich selbst im Bild Genügen, unverfremdet, ohne Aufbruch. Doch von ihr muss es weggehen, bleibt in Erinnerung auch die ragende Haltung, das übermäßige Aufricht der Pose: Sie war so schön. Wo der Ballon steigt, wo Erinnerung Kreise laufen lässt oder differenzierter das Wirkliche sich durch die Vergrößerung der Fernrohrgläser zeigt, wird sie zu nichts, doch Pose ermöglichte es *(die Seile, die Anspannung, das lockende Pralle des Tuchs)*, einzusteigen: Jetzt sind wir in fröhlicher Luftfahrt. Also sollen wir vom Anblick des Tatsächlichen bezaubert werden, von Materialität und kühnem Verschwinden: wohlan.
So ist Dichtung zu finden *zwischen* Auftrag und zu dick Aufgetragenem, sie liebt es wohl allezeit, trunken machende Gebräue zu brauen. Doch tritt hernach an die frische Luft! Schmucklose Südwinde blasen in die Ärmel.

II.

Und findet man sich im Sachlichen nicht recht, wandert man wortwärts, nicht wirklichkeitsnach. Aus Bewusstsein und Wahrnehmung konglomeriert ein Ineinander, aus dem »ich«, »Geschichte« etc. nur mühsam geseiht werden. Umso mehr wachsen die Aufgabe und Notwendigkeit der Gabe dichterischen Sehens. So folgten einst dem Posaunenstoß der Avantgarde die Verkündung und ein heiliger Krieg, das Land einzunehmen und Babel neu zu bauen. Denn alles ward überstürzt, überschallt, brach ein. Oder verstieg in eine Höhe und wieder hinunter, verschraubte sich – dem gleich ent-zweit seit langem die Nachhut Wörter und hämmert sie wenig mehr als dissonant zusammen. Behält die wenigste Luft zum Atmen.

Aber Dichtung ist weder bebilderte/gebildete Selbstvergewisserung des Realen noch nur sprachspielerisches Blendwerk. Auch nicht expressionistische Gewalt, dies dumpfe Herausschablonen: In ihrem Angriff auf unsere Welt liegt hernach so was wie Grind, der harte Bollwerkkopf stößt sich stumpf. Dichtung ist nicht windblasender Postenwächter der Götzen.
Poesie will bekehren noch und noch zum Überdrang – und -schwang, ins überstirnte Schauen. Zugleich entgegen *(selbst wenn inmitten)* jeder Popkultur *(zu eilig bestiegener Sonnenwagen)*, ragt sie in das *(Hinüber-)* Getragene, Hinauftragende – aber auch abwärts: in das Gefälle, die Tragik-Hangung *(das Zeitgehänge, Gefälle, Abwärtsdrängen der Gewalt)*, den lang gezogenen Ton.
Poesie ruck-bezieht *(das plötzliche Anspannen der Seile, das Fangtuch, der Schatten unterhalb des Gestänges)* doch auf Ereignisse, auf das Erfahrene *(nicht aber auf eine simpel vorgestellte Realität)*. Ihr gemäß ist eher das Zerbrechende, nicht das Zerbrochene. Wo der Sinn aufgeht *(dreimal wie die hegelsche Aufhebung – das hebt*

uns; das wird bewahrt; das verschwindet): Hoch gehen die Wogen, schiebt ineinander sich wahrendes Gefüge; entfaltet wird, ausgerollt der Regenbogen *(entlässt den Sinn, ein aufsteigender Falter)*. Und noch eher als Harmonie: das Harmageddon der Entscheidung: zwischen Vor- und Rücksicht: das Aufklaff-Ende des Ungeheuerlichen. Dahinter *(nur leicht angetippt)*, wo plötzlich wegwuchtet, ist auch Wunsch nach Statik *(lermontowsches Segel)*, dies sei zugegeben, in allem Brausen, aufricht: ein ruhiges, ganz sanft sich Weitendes nach: Uber und Uber.

Dort ist die Ohnmacht, die Seite des Duster, die uns ubergestulpt ist. Und der Wind, den wir hören, bläst zum Kreuzzug, den Blinden die Augen ins Schwarz zu öffnen. Dass sie die lange Weile der Welt kennten – und lernten in den Wogen der Ohnmacht untergehen.
Eine Ohnmacht, die umschlägt *(Krempe des Gotteskämpen – beelzebubischer Schrei aus höllischem Zwischenraum)*. Und doch ist's wahr. So muss auch viel Geschelle, Gerassel, Gelärme seyn: »Und sie stärkten iren Mut mit Musik von Posaunen und Trompeten.« Die Posaune und die Lilie, die die beiden Zeiger der Weltuhr darstellen. So gibt es stets auch die Gegenbewegung (aus einer Vorsicht heraus), die wegen der Angst vor zu viel Getöse sich zum Rückzug kehrt, nicht ins Private, aber dorthin, wohin der zweite Zeiger der Zeit, die Lilie weist: Unschuld, der gesenkte Stimmton, das Seitabliegende im Rückzug, wehrsuchend.
Die Über-Kreuz-Züge der Poesie: Züge von Geschichte in ergangene GegenWarte und Bewusstsein – von lärmenden Manifestationen, dem scheppernden Herauszug ans Angesicht der übelwollenden Welt, zurück ins Flüstern des Unsichtbaren, Zug um Zug nach Über, aber allemal ein Weiter!-Weg und hin, o Augustin, ganz hin und ganz weg. Der Kreuzzug der Poesie, der aufdeckt und heranführt an das, was uns unterstromt und überstormt: im

sichtbaren Zentrum des Kreuzes ein kulturelles, lebendiges Gedächtnis und Stein, fremder Wortstein, im Unsichtbaren die brausenden Bulgen.

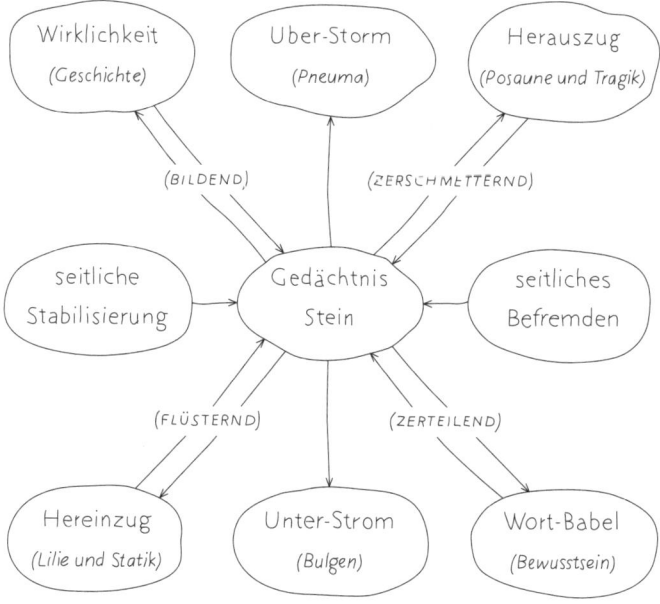

III.

Kein Kreuzgang, kein beschauliches um eine Mitte Schleichen, Tritteln, Quillen, wo die Quelle entspringt, kann sein – sondern scharfes Überschneiden, Brechen, Hin- und Herziehen, doppeltes, gespaltenes Reden muss ausgehen: Scheit um Scheit teilen, ins Scheitern, höher stapeln. Der Kreuzzug ist *zunächst* Herauszug, ein Zug, der aus der einfältigen Wohnung zieht ins Vielfältige des Unfassbaren. Denn die begehrte Einfältigkeit ist seit dem Ursprung der Urteile nicht eine der Sprache, sie ist Einfältigkeit des Herzens und des Pneumas – »jetzt muss ich in Gleichnissen reden, dann aber seht ihr Gott von Angesicht zu Angesicht«. Welche Sprache da sein wird, muss offen bleiben, deshalb offen sein auch unsere.

Der Weg geht über Kreuz: diagonal, vertikal, horizontal; noch nicht in himmlischer Einfalt wahrer Worte, sondern im Weggewirr stockend, überströmt von den Wassern unablässiger Wortmühlen, im Dornbuschdickicht schmerzender Verkenntnis. Gleichwohl geht es nicht anders – es muss der Mensch erst verlassen sein von Besinnlichkeit und allem Sinn *(vorher entfacht kein Wind das Feuer im Strauch)*. Da kündigt sich im Weiter!-Weg *(Verzettelung, Schwimmen mit Barbarossa)* der Umschlag an, der sichtbar den Rückzug erzwingt *(von der Tragik des Scheiterns zum getragenen Ton)*. Der Kreuzzug der Poesie geht aus *(und ein)* in verschiedene Richtungen und *(kreuzweise)* Stimmen; sie durchschneiden sich. Das Gedicht, wie ich mir jetzt Begriff schaffe, soll gelassen stehen, wo es das Ungeheuerliche aufreißt. Es lässt sich von den Wogen tragen und von der Form; es stimmt eine einzelne, zubestimmte Intonation an; es arbeitet mit Interferenzen und Einflüsterungen.

Das sind Versuche, den Unter-Strom und Uber-Storm zu sichten. Eine Sprache in die andere setzen, dabei verfehlen und doch streifen; lautes Sprechen in leises, das Blendende ins Gläserne und umgekehrt führen. Die Intonation, halb bewusstlos angestimmt, fast organisch, fast Gesang, nähert sich intuitiv, von der Form getragen, etwas Unbekanntem; die Form, die weiter trägt als das Bewusstsein, stützt. Eine Intonation mit Flüstern und halben Stimmen, mit gepressten und hervorpreschenden Einwürfen macht fassbar, was heranwogt von der Seite, uns einer Aufgabe zuführt: im Durchstrom der wilden Wogen das Pneuma umzuwandeln in kulturelle Kraft.

Die Klammer entdeckt das Abseitige als Raum, der nicht nur hinzufügt, sondern auch wegträgt, spaltet und doppelt, unterbaut und hinüberführt; das von Wänden Umstellte, halb Verdeckte von Bögen, halb nach oben, halb nach unten offen. In die Spekulation, ins Grab. Das Flüstern der Klammer ist kaum noch zu hören, als stürbe es oder wäre von einem Müden, einem Kranken gesprochen oder gehörte einer geheimnisvollen Sphäre an – was man vielleicht noch hören, doch wohl nicht sehen sollte. Die Klammer: auch Klapptür, Falle oder paralleles *(nur sekundenlang befahrenes)* Gleis. Sie überlässt es dem Leser, ins Dunkle zu treten, in jenes Drüben oder Äther also, der so viel weiter, umfassender als das Sichtbare ist. Wo sich etwas verwirrt. Unser Irren führt an den Rand des Finstern, das Rückenreich, das uns immer drückt, schiebt – selbst Erkenntnis ist Affekt viel wesentlicherer Kräfte.

Ob dort gewaltsame Bewegung ist oder Stillstand: Am Gedicht, das *(ein bewegliches Ineinander-)* Gefüge ist, hat das Statische immer seinen Anteil. Dieses hält und gebietet den Wogen Einhalt, in denen sonst Untergehen wär *(auch damit das Rauschen kein Blutrausch wird)*. Es ist über Anverwandlung an das Erstarrte hinaus Möglichkeit, Bewegungsfreiheit einzuräumen: das Gefüge als Schutz zugleich Station seismografischer Empfindung kleinster Erderschütterungen. Statik, deren Begriff hier auf Seelisches zielt, gibt nicht nur Übersicht, weites Panorama, sondern auch Sicht ins Über – aus der Ohnmacht im Bedrückenden nehmen wir teil an der Macht, die aus dem Dunkel so ins Gefüge ragt: eine Bewegung der Verstörung, stalaktitisch – an der wir abprallen oder die unmerkliche Veränderungen im Manteläther der Erde zeugt.

Das Gedicht wird dabei scheinbar Schulp eines vormals Lebendigen. Doch ist es mehr als Erinnerungsrelikt und Fund. Es trägt die Zeichen der Sphären, aus denen es hervorgeht, strahlt aus, fordert vom Leser, es zurückzuwandeln *(blaues Blut, rote Tinte)*. Die Grät- und Steinzeichnungen aus fast zu dünnen Lüften der Berg-Grate – Abdruck in ihnen der Sphären, das -lose. Poetische Konzentration geht noch über die des Steins hinaus – sie verflüchtigt *und* wahrt im Moment des Erlebens.

Gleichviel bleiben wir dem Unmittelbaren zugetan: Sinne. Nicht sinnieren, sondern sich verlieren im Fallwind der Kreuzzugsfahrt, die vom Ausbruch zurück sich düster schleift *(nur Funkenflug ins Dunkle)*, dass allein auch daraus immerzu *(und sei's gebrochen)* jenes Eine, Ganze sich bildete *(überlappt in eins, glimmt alles Wasser weg)*: Ohne Besturz und Überwaltig ist es kein echtes Lob des Wirklichen. Der Rückzug *(ins Stille, den Hof)* streicht längs durch und wird unnachgiebig gestrichen vom Gegenweg nach Jerusalem – ungestumer Schwärmer Balsam-Weg, die ohne Botschaft ins Gebiet der Kundlosigkeit, in ätherisches Rauschen höchstmals schutzlos wandern, dreyhundert nur, auserwählt, mit Musik von Posaunen und Trompeten.

**BRAUSENDE BULGEN —
THESEN ZU DEN THESEN**

Ohnmacht ≥ Geist

Macht! Licht! Allumwobenes Dunkel und Stille. Vor dem Anfang, in dem das Wort wurde, krümmte sich der Körper, als wir auf nichts zählen konnten, Elemente im empfänglichsten Ei. Als das Herz nicht hart war wie Diamantenstein, bloß lag und dauerte, unmittelbar. Und der Wind an die Fensterläden drückte. Jetzt sehnen wir uns manches Mal, unvordenklich idealistisch gestimmt, zurück ins Uranfängliche. Aus dem Urstrom heraus: glasblasende Halluzinationen, bis Schnee fällt in einer Kugelglocke. Voller Bilder, Poetisches = GlasbläserEi. Aber, aber, habt Acht ∞ leicht ist es, Weltkugeln zu malen oder Geschichtspanoramabilder aufzuputzen.

Unsere Befangenheit zwischen tierwarmem Staunen und raubtierhaftem Fauchen: reglos gebunden an Größeres, dann wieder hin und her gestoßen, ohnmächtig, in Impulsen. Aus der Gefangenschaft der Verhältnisse: ein Sprung ... ins Ganze. Aufruhr und Gesichte, werk-wirken und sichten im Antlitzhaften poetischen Glitzerns *(die Glaskugel zerspringt)*, eingedenkend. Aufruhr und Poesie lassen offen herein, was aus dem Strom steigt, Schnee, geschmolzen im göttlichen Hauch. Nur das gefundene Fressen verfault im *(verschneiten)* Garten der Erwartung, im sprachlosen Refugium für ein Stammeln. Also nicht nur Staunblasen füllen mit Gekleckse, sondern Engelssprachen ausschwärmen lassen. Weltzeiger, Posaune. Mit Armors Pfeilen die Seifenlaugenblasen zerplatzen lassen. Biff Buff. Bis sich im Text kleine Schlaufen für Engelsverstrickung bilden, die falschen Hunde gehenckt werden und die Idee eines Ernsten unterm Himmel aus dem Spielerischen aufsteigt, erwächst.

Geist ≥ Schrift

Ist poetische Sprache Schatten, Schwarz spendendes Terrain für ein Ausklinken aus dem Reiz-Reaktions-Schema? Um *relaxend* auszutreten aus diesen angespannten Impulszusammenhängen? Verhängnis und Abdunkelung, um *(ungeblendet)* aus alltäglichen Zusammenhängen aus- und in ein erinnerndes Träumen *(der Wirklichkeit)* einzutreten? Oder sich einzufinden, einzunisten, einzuspinnen? Was, wenn Geist nicht spricht, sondern bricht an dem Ungeheuerlichen des Wirklichen, Schocks zur Unzeit, wieder und wieder, bis man das glückselige unsinnige Wort, das Ende der Referenz herbeiredet?

Was bedeutet es, wenn Sprache den Sprung, des Glaubens zumal, in das Ei ritzt, durch den Träume fallen, schattig wie Wirkliches, aber Wunden kühlend, Wunder wirkend?

Sprache ist nicht *wirklich* – und bildet nichts ab. Sprache ist längst nicht alles, macht aber aus, was *(für)* wahrgenommen wird. Der Rest ist ohnmächtiges Fühlen und Anfüllen in der Nacht, rappenschwarz. Dort, wo sich der Eindruck der Welt selbst auslöscht, spricht die Poesie ein lösendes, bloß ein Wort. Poetische Sprachschichten wahren nicht nur Geschichte*(n)*, sondern verfließen auch, bilden den blinden Fleck, aus dem wir Ohnmacht und Zweifel lesen. Teiresias, schau: So löst ein Wort nun das andere ein, fällt ins Unsichtbare. Vom Geist zu sprechen, ist nicht so ungeheuerlich, wie es anmutet. Wenn das Wort bei Gott war, dann ist Wort schon bei der Welt *(im Ei)* wie diese bei ihm, damit sich die Welt beim Wort nehmen lässt, unverbrüchlich treu bis zum treulosen Aufbruch und Aufstand, bis zur Auferstehung ins Entstehen, ins aufrechte Gehen der Poesie.

Aber Thesen: Das sind beiLeibe beHauptungen, erst einmal toll und dreist aufs Folgsame spekuliert, hier aber mehr noch und: noch ein Spiel mit Spiegeln oder Verlangen nach langer Weile, poetischer Vorgang, weniger Verhängnis als gefalteter Vorhang, nach und nach beiseitegeschoben für ein starkes Stück Performanz, das folgen müsste, aber folgerichtig ausbleibt.

Wort ≥ Tat

Das Wort wirkt, außen und innen, sich aus und aus sich heraus. Im Politischen aber wird das Wort verwirkt, im Bemessenen und Angemessenen, im Pragmatischen, verwirklicht nur, was wirksam scheint, und sonst nichts. Das poetische Sprechen lebt höchstens in Aufruhr und Umsturz weiter, aber in deren Offenheit, geschichtlich gedacht in ihrem Scheitern. Das Scheitern utopischer Entwürfe lässt Fragen offen, darin poetische Rede überdauern kann, kaum einen Steinwurf entfernt von der Tat.
Allein der Kurzschluss von einer sprachlichen Dynamik, gerade wo sie angetrieben wird durch den Wunsch nach Vereinigung, Macht und Veränderung – auf einen Zugriff, ein Postulat, eine These –, ist in der Tat verheerender Zusammenschluss. Zwar sammelt er Truppenteile von Bürgschaft um sich, die einstehen wollen für das Erdachte, aber der Funken, der überspringt, schlägt Feuer, das alle Sinne verschlingt im Himmelanlecken. Trotzdem steht kein Rückzug an, nur Unglück. Denn auch Ablass darf nicht sein: Unablässig und gelassen vorangetriebener Umsturz bleibt Banner über dem, was von weit her ins ungeschlachte Feld geführt wird. Da wird Sprache ausgesät, Dornbüsche, die uns überwachsen, gesteigerte Wachsamkeit fordernd. Am Scheitern der Geschichte, den hochgestapelten Schichten von Bedeutung und Epiphanie, ranken wilde Vermutungen hoch: nicht Ränke, aber Gestrüpp, in dem sich nisten lässt. In diesem Wildwuchs der Willkür haben wir uns versteckt, wohlan, sorgfältig ist's gesteckt, Muster der Verzweigungen aus Licht und Schatten, Versen, Strophen. Bis göttlicher Atem bläst, ins Feuer, ohne zu verbrennen, raschelnd, nicht ablässt (*unduldsam auf rasche Verwehung aus*), uns aufzustöbern, inzwischen Transzendenzen. Trägt hinüber, durch die Wasser des Geists an kein Ufer, wird Äqui*(aqua)*valenz: Wasser- und Blätterrauschen, leeres Papier. Rascheln, Amsel und Gesang, kühlende, löschende lange Weile, Welle.

Tat ≥ Poesie

Zuvor mit Sprache Einfluss genommen wird, müsste man nicht wissen, wie Wirklichkeit in Sprache zu übersetzen wäre – immer schon übersetzt ist? Ragt Sprache ins Wirkliche – oder umgekehrt? ... In Rage gebracht, schlägt der Traum von der gerechten Wirklichkeit um in Machtbegehren: Jetzt wird alles rein, reiner blanker, durch nichts gerechtfertigter, aber fertig gedachter Kampf, dem Gefechte um Begriffe vorausgehen, folgen. Scheren wir aus in die Schatten der großen Körper:
Ach, brausende Bulgen, schäumender Zufluss, rebellisches Aufwerfen der Sprachwogen, waren da nicht, noch vor Öffnung der Geschäfte, unmittelbare Erleuchtungen und blendend inszenierte Täuschungen? Wie wirkte das auf uns, so unmittelbar? Ey, jetzt selbst zu herrschen, niemanden mehr zu kränken, zu kämpfen, sich einzurollen ... – Dementi: Feuerei, Feuerei. Denn jeder zerbricht des Anderen Schale.
Bliebe denn nur eine als folgenlos zurechtgeschmückte Sprache der Autopoeisis? Folgt beliebig im Spiel um Bedeutung die epopöeische Sprachmalerei? Dichter in warmen Gärten, versonnen, somne? Gilt es nur, die Rückstände der Taten in der Sprache *(rückblickend)* freizulegen?
Wie war das, als wir der Ohnmacht der Sprache mühelos folgten? Hin und zurück. Selig fast. Aber wenn es kein sichtbares Ziel gibt, nirgends etwas Greifbares? So folgenlos, in wessen Fußstapfen gehen wir? Vergessen wir nicht: Wunsam ist es gewesen, wie ein Riese seyne Straße zu wandern. Flüsternde Winde, die nachts hineinwehten, aber niemals blieben bei Tag.
Räkeln wir uns jetzt, statt uns zu recken, bleibt alles bei den Alten. Ist das Gefühl des Menschen für Gott tatsächlich ein Gemisch aus vernageltem GeHorchen und gedankenlosem Plätschern in einer Woge voll *(tauber)* Möglichkeiten, dann bieten wir doch

gewaltigen Losungen eine Logis zwischen Wahrem und Wahrgenommenem, Vermessen und Ermessen, dann ist erst Poesie in Thesen, nicht länger subjektiv, das Landfragment, auf dem Sprache im Brausen der Bulgen Statt findet, in der Art schwankender Schollen, die auseinander- und aufbrechen zu seelischen Erkundungen, präzisen Expeditionen.

Poesie ≥ Ohnmacht

Wie Stachel Hellebarden Blut Aufruhr Steinwürfe Gerechtigkeit Gesänge Tod Dramaturgie Fatalismus der Körper denken? Kein Weg in die Wirklichkeit führt nur in eine Richtung, man verwirrt sich immer im Weggewirr von Macht und Temperamenten. Alle weisenden Tafeln beschwerten uns nur, hingen wie Mühlsteine an Hälsen, uns auf einen Grund zu ziehen. Hämmerten diese Thesen zwischen Hauch und Himmel doch so lange, auf dass die Ungeheuerlichkeit des Nichteintreffens der Verheißung nackt und betäubend vor uns steht. – Windhauch, Windhauch: Gott ist Pneuma und *schreibt direkt mit dem Finger ins Herz* – doch wo gibt es dann einen Ansatz für wahre Gefrierpunkte? Beschwörung der Ohnmacht: zu machtvoll. Der Sieg wäre nur die Besiegelung der Geheimnisse. Wo Scheitern war, sind nun Elemente, Sprache der Poesie, die übersetzt. Es ist legitim, von einer richtigen Übersetzung zu sprechen, die ein ohnmächtiges Wort spricht, atmend bei Gott. Poesie hebt auf und erhebt und ist Aufhebung, Erhebung, Aufruhr, ohne gefällig zu werden. Das Fußvolk, theoretisch gegängelt, folgt. Die Aggression aus der Ohnmacht heraus ist der Zorn unserer Gerechtigkeit, das einzige Pfand für ein Jenseits. *Seit Angedenken tobt drunten die Schlacht, wie ein Gewitter zwischen waldgekrönter Felsen Gipfel geklemmt.* Den Drang nach Veränderung, der alle Wörter beflügelte, wandeln in den Auftrieb der Winde beim Sturz. Ach, wie nach all dem sprechen, ohne nicht nur poetische Blasen zu werfen? Eingerollt, in sich gekrümmt, verbogen von der eigenen Flexion, Zweifel im Ei, unmutig. Aber darum ist der wilde Geist wild und nicht zahm: weil er sich zerstreuen will, weil er voller Ungestum ist und sich nicht zufrieden geben mag mit Schluckauf und weichen Worten, buntgemalten Biografien, mit munterem Blödsinnspiel und eilfertiger Buckelei vor dem Gesetz. Zeit für ganz andere Schwere und Schwärme, die nur herausspringen, wenn der Teufel Eitelkeit nicht sein wucherisches Spiel treibt und der Geist verspielt bleibt, die liebe Lilie.

Bulgen *(entsatzt)*: Gischt *(unbenetzt)*: Geschichte *(worfelnd)*

Nicht die Verzweiflung, ewiger Aufschub, lauert als Gefahr, als Fallstrick: Die Beseelung von Atem und Geist verbindet, ohne zu verstricken, lässt erahnen, spannt das Tau-Ende, nicht ein Gitternetz, umreißt und übersetzt die reziproken Prozesse von Bild, Welt und Wort, wie sie unentwirrbar stattfanden und suchen, vertäuend neu und neu, aufgelöst in eine Sphäre des Geistes, in der Widersprüche nicht getilgt, aber aufgehoben scheinen, momentlang lichte Höhen.

Poetisches Sprechen: Im Nu stehen Vergangenheit und Gegenwart auf. Statischer Leib der BeHauptungen, wo, in engster Umgürtung, klammer Erwartung und verschlungen, frei von Verheißung, die nie eintrifft, alles ineinandertost und drängt, in Bedrängung gerät, ihr gelassen stehen bleibt, durchströmt. Da mag ein Umschlag, auf der Höhe, sich ankündigen.

Aber weiterhin atmend, verraten wir ins Blaue hinein, was uns versprach, die Netzhaut göttlichen Sehens zu besprengen unbenetzt, entsatzt. Anklänge an Sprachen aus anderen Zeiten werden wir versehentlich verstehen: Möglichkeiten der Abschweifung, des Herausschweifens, Ausreißens und Einsickernlassens von Sprachmächtigkeit, wenngleich Ohnmachtspartikel herumschwirren in der Höhenluft. Alle Sprachen sprechen: Was in tausend Zungen über die Welt leckt, das Salz einer Gischt der Geschichte, die heranschlägt, zerbricht und in Flocken auseinanderschneit, wäre Zeitlichkeit, zerstoben in die Partikel von Bildern. Die uns endlich benetzen, über und über, bis wir Linien nachziehen, die mehr und mehr dem roten Faden einer Geschichte gleichen, aber nur momentweise Gesichte bilden, bis wieder Verwirrung ist, Verknäuelung, wellenartiges Bündeln zu Wogen.

Was in poetisches Sprechen gelangt, ist das Entscheidende, alles Fließende im Wort Teilende. Jede Entscheidung *(jede Sekunde)* beeinflusst auch das Urteil über das Entschiedene, spielt einen, wenn auch widersinnigen Part, den prophetischen, weil es nur hinterrücks belauert werden kann, revisionär belacht. Jede Verheißung leuchtet durch uns hindurch, aber wir stehen da mit leeren Händen, in denen der Letzte die Zeichen wahrsagt. Die Würfel fallen immer, im Worfeln des Winds. Es wird ja stimmen, Stimmen.

SCHUTZ VOR NACHSTELLUNG —
MEINER VORSTELLUNG NACH

»Es gibt einerseits euch, Menschen, mit euren Zivilisationen, euren Zeitungen, euren Künstlern, euren Dichtern, euren Leidenschaften, Gefühlen, kurz, die ganze stets abstoßender, unlebbarer (unaburteilbarer) werdende menschliche Welt.
Und andererseits wir, der Rest: die Stummen, die stumme Natur, die Ländereien, die Meere und alle Gegenstände und die Tiere und die Pflanzen. Recht viele Dinge, man sieht's. Nun, der ganze Rest.«

(Francis Ponge)

schutz vor nachstellung – meiner vorstellung nach

bin laden geht in die berge, geht bewundernswert &
bärtig durchs gebirge im zweiten programm und in allen.
was ist, von hier aus, die rückseite der kapitalistischen münze:
adler oder eichmann, goethe oder lenz? falsch: *(baudrillard)*

oha. die medien rufen ihn an: »höhle, hallo? halo?« holla!
»ja ja, hier hölle, hab ein video.« gut gelaunte europäer.
der teufel dringt ins detail. das netzwerk leckt! ist da noch
speichelplatz unter der *(vernetzten)* zunge des propheten?

das war verwirrend zwei in eins: hussein und al-quaida.
infos sickern durch: sie haben alles *(im eden)* aufgegeben
sogar ihre lauterkeit, stichwort: timing, gutes handling.
auch der löwe von münster sagt: gott fürchte, nicht menschen.

strittige frage. was schafft mehr verheerung? setzt hier
mal einen punkt, gönnt euch faktisches, heißt: hologramme.
nachts dann abstraktionen *(der bart!)*. bleibt spucke weg.
nimm den dynamitgürtel, schau wie schön die hand schwitzt.

ob man wie du abends im stillen club zur lichtgestalt
der reflexion aufsteigt, in der partymenge auf raubein
(der apokalypse) macht, verwaschenes von sich gibt
oder mit millionen dollar kalkuliert, mit tausenden toten

neue fiktionen beflügelt – ölpreise steigen, deine börse leer
(faktum) – das ist, hohlköpfe, doch eins. wer pflanzte da
noch geranien *(wo man zeitgleich auf den plätzen schunkelt)*?
lass mal die vorstellung jetzt, schau nach dem stein

Anhang, Anklang

Apokalypse jetzt
Celan im Gebirge, Lenz im Gebirge, Büchner im Gebirge, Bin Laden im Gebirge. Wer ist hier falsch im Bilde? Liegt aber, wie jedem Apokalyptiker, nicht auch dem Dichter die Zerstörung des Bestehenden am Herzen? Auf dass die stumme Natur freigeschärlt werde. Oder so gesagt: Von allen Bütteln des Mehrwerts und der Technik gesucht, frei durch die Berge zu gehen, stellt das nicht eine Autarkie dar, die jede poetische in den Schatten stellt? Dagegen diejenigen, die das Obskure und die Dunkelheiten aufsuchen, damit ihnen nicht in der Verwirklichung das Thema abhanden kommt. *(Pasolini: Warum eine andere Welt schaffen, wenn es doch bereits so schön ist, von ihr zu träumen?)* Das haben sie den Real-Utopisten voraus, die immer darauf aus sind, ihre eigene Daseinsberechtigung abzuschaffen. Manche Dichter sind von daher auf bestimmte Art »konservativ« gestimmt, sie handeln lieber dauerhaft mit Unbekannten, lassen den Treibstoff nicht ausgehen. Das Paradies langweilt sie, erst recht als Kulissenattrappe für Selbstmordszenerien. Dafür haben sie eine echte, ästhetisch motivierte Form von Gerechtigkeitsempfinden. Was aber unterscheidet sie von allen rechten wie auch von allen doktrinären Ansätzen? Nicht nur die gesteigerte Wahrnehmung, rauschhafte Abhängigkeit von allem Lebendigen, sprich: Widersprüchlichen, vor allem doch ein Wirklichkeitsverstand, der Poesie von allen Arten einer politischen Vereinnahmung, die mit ihrer Hilfe autoritären Wunschgebilden nachjagt, zu unterscheiden weiß. Stattdessen Vorstellung von rückwärts- und vorwärtsgewandter Brüderlichkeit, die Individuation, nicht Verklumpung betreibt.

auf in die Verwilderung

Allseits Ohnmacht, auch in der Poesie oder mit ihr? Wie kann ich überhaupt Ohnmacht im Innern: Sprachlosigkeit – übersetzen? Und was hat die eine mit der anderen Ohnmacht zu tun? Poetik ist dabei immer eine Art Offenlegung der Quellcodes, nicht so bezaubernd wie die Oberflächen, die diese generieren, aber aufschlussreich. An ihren Rädchen zu drehen, heißt auch, die Abläufe, die Trugbilder zu verändern. Ohnmacht, die mit Händen greifbar ist – erfahren wir jeden Tag in der globetrottelnden Welt. Sie wächst in dem Maße, in dem Masse und rein kapitalistisch-technisch reglementierte Welt wachsen. Antworten der Sprache auf die politische Ohnmacht – sind das Pamphlet, der Aufruf. Und auf die innere: womöglich das Gedicht. Was wäre, ließen wir eines ins andere fließen? Ein pamphletistischer Drang würde im Gedicht Aufnahme finden: Relevanz und Karnevalerie – statt Popanz und Kavallerie. Der poetisierte Aufruf aber wäre seiner plötzlich unsicher, würde über die vermeintlichen Ziele, befeuert von Missverständnis und dunkler Energie, hinausschießen. Spräche ein kurioses Kauderwelsch für die Aus-den-Zusammenhängen-Gefallenen, zumal wenn Apokalyptisches hinzudrängte – nicht nur als rhetorische Energie, um Kräfte zusammenzuraufen – sondern als Verzweiflung gegenüber der eigenen und geschichtlichen Ohnmacht. Glückliche Verwilderung macht sich jenseits der Hilflosigkeit breit und Hoffnung, für die jeder auf seine Art bezahlt: mit melancholischer Nachtruhe, mit Repression oder Nichtbeachtung seitens der trendsetzenden Tölpel, jener allseits beredten Brabbelanten, die das Opium unters Volk bringen. Die Verheißung des Umschlags aber, die sich in einer Sprache der Poesie ankündigt, spricht zu Anderen von anderen Zeiten und wird zu solchen wirksam werden.

LIAISON FÜR AHNUNGSVOLLE UMTRIEBE*

I.

wie Mönche *(Kopierwerke)*
Was können wir schon sagen? Aber wir sehen ja: einiges, in Ausschnitten, im Dunkel, und manchmal, wie es hinter uns vorbeiwischt, Irrlichter. Dann gilt's, was das innere und äußere Auge hineinlassen *(Streiflichter)*, die Wahrnehmung von Welt, zu einem *(perforierten)* »Streifen« zu entwickeln, der gleichwohl nicht ohne Weiteres gesichtet werden kann, zu einem Negativ *(Poesie)*, das projiziert werden soll und Bilder auf fremde Leinwände wirft. So sitzen wir, wie einst die über große Folianten gebeugten Mönche, die Seite für Seite das heilige Buch ins Reine schrieben, treu und geduldig bei dem Versuch, das, was glühte, zu übersetzen, eine Kopie anzufertigen. Dabei ist poetische Sprache ja inzwischen machtlos, wie die Utopie und alle lauteren Brüder in ihr, und wohnt im Ohnmächtigen, wenn sie auch mächtig sich aufwerfende Selbstbildnisse, Trugbilder auf die Bühne projiziert, einstweilen im Kleinen kopfüber oder -unter perpetuiert, was auf größerer stattfindet.

Und Poesie bewahrt doch, was in unstatthaften Bemühungen, die noch stets in Willkür mündeten, verlustig geht: eine Leerstelle, die von der Poesie selbst, mit all ihrer Präzision und in groteskem Anspruch, umkreist und anvisiert wird, aus der Höhe *(ja, Flügel der Piloten, Schwingen der Poeten: o Nacht, o Gott, ich ahnte Fluggedröhne, Trugböen umwehten schon)*. Was aber tun inmitten der medialen Welt? Ist doch »alles« – Hochtrash: alles allem: alle allen: gleich. So auch decken sich, scheinbar wie abgesprochen, Vorder- und Rückansicht der Begriffe: Reales, Phantasma, Simulation, der Andere, der ich bin: du, ruckedigu, Blut fließt im Nu. So werden Adler und Eichmann Begriffe einer baudrillardschen Prägung. Was aber geben Trugbilder ab ohne die so redlichen Konzepte, die als Folie unterliegen? Sind nicht alle widerspenstigen Geister *(und seien sie noch so schizzo-gelötet, menschenfremd, dem Stein verwandt)* auch schon eingespeist in die mediale Banale? Ob man zum Beispiel das rein Vorgestellte nachstellt, also alle Nachstellung idealiter der Reflexion voranstellt, oder ob man aller imperialen Nachstellung entkommen möchte und einen Bärtigen aller kapitalistischen Nachstellung in der *(medialen)* Vorstellung entkommen sieht, in die Berge – das wäre von vorne wie von hinten, sagen wir, Annas zu starker Tobak, nass im Champagnerfass ohne Boden, also: Laut- und Klamaukpoesie. Wenn nicht das Ungeheuerlichste daselbst zum Vorschein käme.

Deshalb werden poetische Desperados, besser wir selbst, an diese Beliebigkeit den Sprengsatz listiger Idiotie anbringen, zu unser aller Empörung. Dann erst reden wir von den Verlusten *(»Ich wohne in einem Schmerz«, sagt René Char und endet mit: »Es gibt keinen Sitz, der rein ist.« Ich sage: keinen Satz)*.

erheblicher Furor *(Abkehr)*

Aufgabe wäre, einen Code zu entwerfen, der vor Überwachung schützte, Aufgewecktheit vorschützte und eigentlich recht willkürlich wachtelte, zu große Geschütze aufführte, hinter denen man verschwände. Wenn die alles fixierenden Todesdrohnen der Technik über den Städten schwirren und noch in die druckschwärzeste Höhle des Grams die Zunge der medialen Demokröten leckt … und das Auge der Pyramide alles überwacht … stellt sich die Frage: Was vermag Poesie heute, da wir *(von außen gesehen)* mo*(na)*dische *(parodistische)* Anarchen in der Verkleidung kopierender Mönche sind, die womöglich von Fälschungen leben? – Jetzt kann ich es nicht länger verbergen: Noch sind wir nur Mimen, die das Feld jeder starken Behauptung räumen, sind Scharlatane und ununterscheidbare Clo*(w)*ne parasitärer Einfälle und Spektakel. Doch bald nehmen wir das Heft in die Hand …

Jegliches Siegen – und Blutströmen – sollte versiegen. Entwaffnend frei werden wir durch die Felswände der umgestürzten, umgestülpten Panoramen, die keine Spielwiesen für Verlustierung mehr sind, schweben. Man merkt bald: Das sind gar keine Weltfremden ... Bald wird schon offenbar werden, dass mit dem Wort, zumal dem poetischen, alles, was war und sein kann, gesetzt wird, auch aufs Spiel *(lausige Würfelbude Welt, in der ein blinder Poet randaliert)*.

Hat nicht mancher von uns, im Rückzug begriffen, den entgegenkommenden Weisen aus Afghanistan im Gebirge versehentlich als Bruder angeredet? Dabei wissen wir doch: ein Spinner, feind der Welt, Weite und Fremde wenig begreifend, allzu vertraut mit der kleinlichen Rhetorik, den Geschäften des handlangerischen, revanchistischen Nachäffens — — —

Überwachsen wir uns lieber selbst, überwuchern uns – und bilden Wust. Schlagen Einflugschneisen ins Innere, wo unscheinbare Momente von Klarheit wie Eisblumen kristallisieren ... Ob man undurchdringlich wird – oder sich zur autarken Monade zusammenzieht – ist so verschieden nicht. Was kann ich sagen und was wirken mit all den Sagen? Und wozu, wenn wir doch nur machtlos zusehen, überall? Ich ahne, abgekehrt, erheblichen Furor im Rücken, wofür wir ja Sorge tragen, so hebt die Epopöe an, in einem anderen Traum aus Furcht und Verschmelzung.

LIAISON FÜR AHNUNGSVOLLE UMTRIEBE

II.

Lufthauch *(Erhebungen)*
Eben dies: Zunächst einmal sehend werden. Wesentlich ist aber nicht nur, was man erkennt oder versteht, Perspektive ergibt sich zwangsläufig aus dem täglichen Umgang, aus Erfahrung. Sicherlich, der Mensch in jeglicher Beziehung bleibt auf den eigenen Vorteil bedacht, ist zur Not rücksichtslos und unter Umständen nur unbeständig, in seiner Anschauung oder Wahrheit ein umsichtslos an Situationen verplemperter Pomp. Bleibt auch stets im Schlepptau des Wunsches nach Abbitte und Anhänglichkeit.
Lagert doch den vereinigelnden Wunsch aus, bildet zunächst Gelage und verwirklicht einen Moment von Gleichberechtigung, Anerkennung und gegenseitiger Rücksichtnahme – in der Ausschweifung ... Oder versammelt euch zu dreihundert ... Es muss einen Anklang von Brüderlichkeit geben ... Stürzt ruhig kopfüber hinein, das meiste wird sich ohnehin im Geheimen abspielen. Ihr verwirklicht nur, was wirklich immer schon werden kann, und den Rest lasst ihr glimmen und glühen. Wenn der Zufall dann naht wie in Atemzügen einer lauen, gläsernen Vorsommernacht, alles auflodern lässt, beschwört ihr, sichtlich erschöpft: brennende Sterblichkeit. Wichtiger aber ist: Auch das geht über in Losungen, rührt an augenblicksshelle Verknüpfungen – Machenschaften und Aufruhr, Empörung gegen die Vernunft der Werktage, weil euch der verbrämte, gemütliche Adel der Leidensfähigkeit nicht genügt. Ach ja, Losungen, die alles versprechen und nichts festhalten, ihr richtet euch daran auf – auf! schwankenden Schollen, die ins Unwägbare treiben, schaukelt so dahin. Was nicht wirklich wurde, ihr sprecht es nach, denn darin bleibt eine Sehnsucht erträglich. Vergeblichkeit dringt bis ins beseelte gehauchte Wort: Bienen der Persephone, die sterben, wenn sie den Stock verlassen. Die Sonne steigt aus toten Wortketten. Was sich im Kristall bricht, in

Ein- und Ausfallswinkeln steigt und fällt – ihr nennt es nun: Lichtregen, und erzählt aufgekratzt von schauerdurchtrommelten Alleekronen. In dieser Luft der Veränderung wird alles licht und leicht: Ihr liebt den Körper und den Blasebalg im Innern der Brüchigkeit. Ihr hört die Schwärme summen, neigt den dunklen Kopf ins Unwirkliche. Geht hinüber ins Rauschen, das anschwillt, ihr wisst ja inzwischen: Es muss doch alles von größerer Dauer sein, gelassen sollt ihr stehen im Strom.

Anflüge von fataler Lugubrität *(transluzent)*
Was ist denn nun der Dichtung Anteil an diesem Strömen, an dieser Ohnmacht, aus der ihr neu aufsteigt? So viel Geschichten, alles stürzt über euch herein, verfolgt von den vergeblichen weißen Wolken der Träume. Man mag so Momente haben von plötzlicher Einsicht, ein Holzscheit, ein Tuscheärmel – oder auch nur *lightning fields*. Aber war da nicht noch etwas?
Da beginnen die Gedichte doch *zunehmend*, den Quellwassern einer inneren reinen Stimmung entspringend, anschwellend unter Zuflüssen, an den Rändern zu verwischen. Das Erinnerungsbild löst die Fotografie, die falsche Abschrift den Fetisch, der Zweifel die Anekdote – ab. Dort *(wo zum Beispiel im Foto das Bild unscharf wird)* ist im Gedicht das Gebiet, wohin das lückenhafte und unzulängliche Bewusstsein nicht hinreicht. Ist der Begriff unscharf, vage – so nicht aus Konturlosigkeit, sondern weil er ruhelos ist und sich auf einer Immanenzebene verschiebt *(solche Sätze bleiben – dank landläufig urbaner Ahnenlosigkeit – vor allem: Ahnungenlosigkeit – ungeahndet, merci)*.
Schließlich schafft euch eine vorausgreifende Anschauung! Einen herrlichen Begriff vom Ganzen, in den alle Folgewörter hineingestopft werden wie in ein Kissen, das, ewig ausgebeutet, schneit und schneit *(als zerfielen alle Himmel)*. Erst einmal flächendeckend sich flockig geben – und dann das Gefüge der Gewohn-

heit destabilisieren – ohne sich um Weiteres caritativ zu kümmern – das ist etwas für pelzumhüllte Meister der unberührten Schneedecke.

Wir müssen, wir müssen, wir müssen – ist das Letzte, was euch nach all der Stückwerkklöppelei in den Ohren hallt. Dann belasst ihr es bei einfachen Melodramen, großer Weltgeschichte und einer kleinen Aufmerksamkeitsgeste. Wie wenn man sich verliert, hinter jeder Wand noch eine Schattenwand sieht – und die Gedanken sein lässt ... Schließlich, sage ich euch, sind es Brände, die im Innern entstehen, ein wortloses Lodern, bis die Flammen vergehen und die Dunkelheit steht, von keiner Sehnsucht mehr ausgeleuchtet. Dann kommen die Momente, da, weil die Reflexion fahler und flacher wird, die Anmut klarer hervortritt. Lebendige Momente, wie immer, diesmal aber in einer Abkühlungsphase, als wäre es für immer: Kristallbildung, übernacht. Darin spiegelt sich eine unendliche Ahnung, wird Wortstrahl um Wortstrahl weitergeleitet. Hundertfache Adern, die sich verzweigen, oder in den Frost gesprochene Sätze, die zu Schrift erstarren ...

III.

alles hat seine Zeit, es passiert *(Liaisons)*

Dann hebt es also an, reißt dich fort, fügt alles ineinander, trümmt hoch zu hunderten Zeichen, trägt dich: Willst du wirklich, durchlässig werden? Lachen. Transeunt, transluzid, tranceluzent. Du siehst, es sind einige liebe Knalltüten mit dir. Ohne Weise, über alle Weise – das war der Übermut. Du tauchst wieder auf, trinkst aus vollen Zügen, schimmerst, Chamäleon der tristen Tage.

Um dich herum entwickelt man luzide Systeme, neuartige Entdeckungen. Was juckt es dich? Die Gesten schließen aneinander an, Gespräche werden, du entwickelst ein paar Gedanken, fast zerstreut. Du musst dran glauben. Hasch mich, hasch mich – zu spät, es ist ein Strömen:

Es kommt aus dem Aufruhr, es geht ins Dunkle. Es kommt aus dem Dunklen, es geht in die Umtriebe. Hauptsache: Lass es geschehen. Es passiert ja einfach. O kindische Vorstellung von Pelzerwerb! Alles hat seine Zeit, zwinge nichts herbei. Bilde kleine Liebschaften, noch einmal, wenn es an der Zeit ist. Aber dann musst du darüber hinaus, wie früher, als du alles wolltest. Reiß dich nochmal los vom Ankleben an die Welt, lass es nochmal passieren, im einsamen, eigenen Gang über schlafloser Landschaft. Merkst du? – Ahnungen kommen dich an:

Haften, diese Dunkelheit. Du stehst auf der Erde, nachts, und schaust um dich herum: nichts, Nichts. War da nicht was gewesen? Schalte nur Konferenzen und höre alle Stimmschwankungen, es knistert gewaltig. Hiersein, Dortsein, Ausgedörrtsein nach einer Regenperiode. Du nimmst ein Daumenkino und siehst: Es war alles ganz anders, langsamer, mit seltsamen Plagegeistern hinter den im Sog des Zeitwindpflugs verwischenden Gebüschen. Du blätterst dir Böen ins Gesicht, das umschattet bleibt. Jetzt hängst du nicht mehr in der Luft, sondern tastest, die große

Erdscheibe, deren Vorsitzender du bist, im Rücken, vorwärts, unsicher zwar, traurig zwar, düster zwar – aber mit dem Schritt eines Mannes, der mal mit einem Satz Hegel bergauf reitet, dann wieder bergab, fast wortlos. Ich hätte gern etwas klarer gesprochen, aber das ist nicht ziemlich so. Es bleibt ja auch immer ein Rest. Und der Rest ist mehr wert, so er unter sich bleibt.

wenn es prophetisch blühte *(Wasserzeichen)*
Und du haftest also an der Erde, siehst alles beieinander, in einem Zeitoval flehst du zu den Gewittern – und atmest, atmest Kristalle. Im Morgendämmer verfließen sie, tauwassern. Schwimmen wir den Fluss hinan zum Quellwasser, unseren Durst nach Verschmelzung zu stillen – wie in der Glaskugelgestalt der Zeit, in der ein Verwandler die blendenden Zeichen wahrnimmt. Dort, wo sich imaginäre Linien kreuzen. Das Diffuse breitet sich aus. Wissend, dass die äußeren Bewegungen der Welt rauschende Naturgleichgültigkeit sind, scheren wir aus in die Schatten der großen Bäume, werden Teilhaber aus einer Ohnmacht heraus. In Wogen und im berauschten Tosen unterzutauchen: Da schimmert ein prophetisches Blühen durch all das Fallen der Wasser, dein Zeichen: die Lilie. Ihr wisst: Aus dem Wasser geschöpft, gegen das Licht gehalten, schimmert dahinter zwar ein Wasserzeichen – aber was ihr in der Hand haltet, ist papieren und, erst einmal in Umlauf gebracht, im Nu wie verblüht – nurmehr Imitat, das sichtbar es selbst schien, reichlich unoriginell. Also taucht ihr wieder hinein, Mal für Mal ungestümer: Da ist kein konturierter Halt mehr, aus einer inneren Verwunderung hebt Lobpreis an.
Der unreine Minusbetrag, den du täglich abbuchst auf deine Emphase, wird ausgeglichen. Die Eintragungen der Zeit gewichtest du gegen mit Kommendem: Und dich durchströmt die Ahnung, momentlang. Bis es sich wieder trübt – und du zu sprechen be-

gonnen hast. Aber das soll dich nicht beschweren, die Mauer der Gegensätze sollte ohnehin geschliffen werden. Du wirst dich nun wieder ins Dunkle stellen, um das Ganze, das der Verfall ist, zu sehen. Dies verschafft auch eine Ahnung, eine umtriebige sogar, die von einem Ineinsfallen träumt, das kein Aufhebens macht, aber zwiesame Geborgenheit in der großen Liaison gibt oder die Aussicht auf herrliche Unwetter.

Anders gesagt: Besser du weißt Gott im Wurm, als dass dieses Fast, dieses Nichthaltenkönnen, dich wurmt. Sieh jede der Abweichungen von der Höhlengleichung als eine Ekloge auf das Blendwerk, juble ihm zu, noch fällt es nicht schwer. Es kündigen sich neue Dezennien an, endlich endlich bist du der letzte verbliebene Halunke einer kommenden heiligen Epoche, du schreibst mit Mal wieder vertrauensvoll, gottselig schreibst du, als würdest du einfach ins Dickicht hineinfotografieren. Als wäre die Ahnung lichter Liaisons schon ein Aufstand, ein Aufruhr, eine Erhebung – und siehe, schon wieder: uranfängliches Schneegestöber, in deiner Glaskugel.

Hendrik Jackson – Erster Teilhaber der Liaison für ahnungsvolle Umtriebe

* laum, la-um

lm – lumen, das sind die kleinsten Einheiten lichtbringender Liaisons, kleiner Lichtungen in der Dunkelheit der Vernunft, die vorübergehend eine Ahnung schaffen

Laum – breit ausgegossen auf breitester Fläche, kennt keine Ufer, wie das Hochwasser eines Flusses *(nach Chlebnikow)*

El – ist das Aufhalten eines fallenden Körpers, oder überhaupt einer Bewegung, durch eine Fläche quer zur Richtung des fallenden Punktes *(nach Chlebnikow)*

Em – das ist das Fußvolk des Em-Heeres, es hat den Block des Volumens des Unmöglichen zermahlen *(nach Chlebnikow)*

zaum – Sternensprache, »hinter« dem Verstand geboren, auf Lautphilosophie aufbauend; entworfen vom Vorsitzenden des Erdballs, Welimir Chlebnikow

Liaison – das dunkle männliche a wird eskortiert von zwei hellen Feuerstößen in die Luft:

ii. Das »L« zu Beginn macht ganz sanfte Wogen, dann das bundlerische Potenzial, das in Vergeistigung ausmündet und singend nach unten fällt. Dann hebt das »a« wieder an: Ahnung, um mit den tätlichen Trieben des Tagwerks zu enden und anzuzeigen: Wir wirken:

Liaison der achtbaren Machenschaften *(lam)*
Ludenschaft für amoureuse Unruhe *(lau)*
Lumen aus anfänglicher Umgestaltung *(luaum)*
Lichtschneisen in anachronistische Uhrwerke *(lauw)*
Landschaft mit halluzinogener Urkraft *(lhau)*
Elektrifizierung für artefaktische Umspannwerke *(elaum)*

Quellcode-Tafel der Ahnungen *(über das Unsichtbare)*

Friede meinem kleinen Kartenhaus! Friede den schwermütigen Gedanken! Friede der Liaison!

Begrenzungen des Raums, des Verstands, der Zeit und der Apperzeption:

»**Makro**« (3)	»**Netze**« (1)	»**Verlauf**« (4)	»**Mikro**« (2)
[Blickfeld:]	[Sprache:]	[Frist:]	[Wahrnehmung:]
zum Beispiel Ampeln, Nebelbanken, Erlasse, Wetterfelder	*zum Beispiel* unaufgelöst schwammige Hieroglyphen, Kopierwerke	*zum Beispiel* Moder und Frist, alles verspeisende Strohfeuer	*zum Beispiel* psychische Umschwünge, Eingebungen, Quellwasser
Zusammenspiel der Materie	*Rätsel oder Verstand*	*Erinnerung und Angst*	*Transzendenz der Atmosphäre*

HAMANNIANA EINES NIEMANDS
Quisquilien zur Zeitgenossenschaft*

»ein blendendes Nichts, ein eitles Etwas«   (J. G. Hamann)

»Da schrey der gantze Hauffe / und sprach / Hinweg mit diesem / und gib uns Barrabam los / welcher war umb einer Auffrhur / die in der Stad geschach / und umb eines Mords willen ins Gefengnis geworffen.
DA rieff Pilatus abermal zu jnen / und wolte Jhesum los lassen. Sie rieffen aber und sprachen / Creutzige / creutzige jn.«
(Luk XXIII,18–22)

Werter Zeitgenosse! Da mir ver**weh**rt ist, selbiges zu sein, will ich als – Hamann rhapsodieren. Wer so nahe am Original den Knochen der Philologie nagt, fühlt schon mal ein ohnmächtiges **Kreisen** im Kopf. Ich wollte womöglich einfach um des Pudels Kern **streichen**, begehrte honigsüßen Topf**strudel**, warf alles in einen Kessel, kochte in dessen Mitte heißen Brei und verschlang – zu viel.

Ach, die Magd des Thales umgarnen, **Knäuel** aus Widersprüchen abwickeln und Seemänner herbeilügen, **Spindeldreh und Schwindel** großer Erzählungen über die Ausfahrt ins wahre Leben, zwischen zwei weisen Sprüchen verschwände die Kluft jedweder

---

* Während einer denkwürdigen nächtlichen Fahrt in dem vollgepfropften Quattro**cento** eines Literaturimkers, als ich zwischen zwei große Rucksäcke gequetscht lag – die Beine quer über zwölf Flaschen **Wein** verlegt, bei jedem Anfahren einen tiefen Druck auf meinen Brustkorb spürte und neben uns die Insassen der vorbeibrausenden Limousinen lachend zum Fenster hereinschauen sah, ohne dass ich meinen Kopf verächtlich hätte zur Seite wenden können –, da ging mir auf, dass dem eng verstauten Gepäck in dieser überladenen Kleinkarosse das Zitatblei hamannscher Centorhapsodien zu vergleichen wäre. Ein Leichtgepäck bin ich und muss mich aufgrund meiner Unwissenheit darauf beschränken, **Quisquilien** in Form kleiner **Pastichen** darzubieten. Da ich dem klassischen Wein skythischen Samogon vorziehe, wird meine Schrift, die ich mit Letzterem vergleiche, weil sie kaum schmeckt, aber **brennt** und **benebelt**, wohl kaum nachreifen, zumal man sie am besten ohne Aufhebens, wie Hamlet seine Menschenaustern, ausschlürft.

Übersetzung im schwarzen ≈≈≈ der Einfalt, aber wer glaubt, dies wäre Kauderwelsch, lasse sich gesagt sein: Ich rede doch nur **Vorlaute**, flüstere, nicht zuletzt, versteht bitte. *(O unhierophantische Rede: sich's im Ganzen versagen, sinngemäß verkneifen, dass es zwickt, **Mühe** und **Mühle** des Ergrübelns – jedes Au holt dich wieder in die Welt hinein, die unnachahmlich bleibt.)*
Wer dabei Bedeutung nacheifert, verläuft sich nur, im Schilderwald oder am Ufer unendlicher Meere, die der kantische Mönch begreift, freilich leicht **bacchantisch**. So sehen wir uns in blaue Unendlichkeit getaucht. Wer bekäme da nicht fröhlichen **Schluckauf**?

Jemand, der **Zukunft** und **Vergangenheit** so nahe beieinander dachte wie ein Philosoph, der des Gottes auf Kuhwiesen harrte, oder ein Akmeist, der vom hellenistischen Wein trunken[*] wurde, musste seiner Zunft schön weit voraus sein. Sodass selbst der in Europa bei allen arabischen Turnieren erfolgreiche Kabbalist bleich würde, die Augen zum Himmel verdrehete und seufzte: eine herrliche Marmorkugel. Es ist aber so: Wo Zufallswürfel wahllos die Suppe versalzen, müssen wir gleichwohl, was wir uns einge**brockt**, als Fleisch- und Buchbrühe auslöffeln. Ich möchte den verrußten Kessel so lange mit selber Flamme brennen, bis er blank wird. Zeitgenossenlose Zeitgenossenschaft! Ich will es euch wie die Sklaven antiker Könige einflüstern: Ihr seid nur singende **Knochen**, die in der Grundsuppe allen Übels verkocht werden.

Zeitgenossenschaft, die laut dem Kophta im frankfurter Messgewand, dem Magus aus Südtirol, in prokuristischen Zweitschriften der Zeit und Zusammenkünfte nur Lob anstimmt, ist, will ich meinen, auch Streitgenossenschaft. Zeitlose Sphären zu zirkeln, behagt mir ebenso, wie im engsten Kreise der Meinen zu fech-

---

[*] »Так поэт не боится повторений и легко пьянеет классическом вином« (Осип Мандельштам)

ten, wo Spiegel der Wahrheit aufgestellt sind. Wenn die durch Seitenhiebe in tausend Stücke springen, so bringen sie doch Glück, wenn eine schöne Magd sie aufliest in ihre blaue Schürze für uns **lügnerische Poeten**. Und wir wollen dann in wollüstiger Vereinigung Urstrahlen hervorzaubern. Denn wer sich den Scherben, die wir zum Ganzen einer hellseherischen blinkenden Kugel zusammenstücken, näherte, geriete in eine Ferne, die einmal nahe war. Auch wird er eine umgekehrte Perspektive vor dem inneren Auge erstehen lassen, die – auf festen Grund projiziert – eine Ahnung von Transzendenz verschafft.

Diese verstreuten sieben Blätter, die in der Ähnlichkeit doch ungeahnte Zeitgenossenschaft denken lassen, seien allen **Pastichefreunden** empfohlen. Sie entspringen* so sehr Einfällen, dass man sie nur richtig sieht, wenn der **Wind** sie auffliegen lässt, im gleißenden **Gegenlicht**. Prächtiges Schauspiel, womöglich ein starkes Stück.

---

* Sprunghafte **bilderlogische** Flöhe, auf die Köpfe fremder Lausbuben gesetzt.

** An dieser Stelle bricht der Magister aus dem Schwindel der Aneignung des Stils und setzt eine ernste Mine an: In **Dichotomien**, die unser Denken bleiern machen, denkt seit Descartes die Philosophie: Subjekt und Objekt, Körper und Geist, Denken und Tat, Sein und Nichts ... Aber sollten wir nicht eher unterscheiden zwischen einer Philosophie, die diese Begriffe einander gegenüberstellt, und einer, die diese Trennungen aufheben möchte? Was aber war *davor*? Schwer zu sagen ... **Unvordenklich** gestimmt, sagte einmal der Hellste, ein deutscher Dichter, unter ihnen: Urteil und Seyn. Schrieb's auf zwei Blätter und überließ listig uns die Wahl, sich für eine Urheit des Teilens oder nur ein entzweites Sein zu entscheiden, mithin das erste Blatt für das zweite oder das zweite für das erste zu nehmen. Womit eigentlich alles gesagt war. Weil dann aber im Verlauf des Denkens das Aufheben der Entäußerung des Geistes im Ganzen wenig wirklich wurde oder an der Wirklichkeit entlang aufging und die Problematik des das **unterscheidende** Denken Denkens ein Stachel der Unzufriedenheit blieb und auch einige metaphysische Versuche, durch große magische Begriffe den Knoten zu lösen, scheiterten, wurde erneut versucht, das Eine bereits im Anderen zu bestimmen, aber kopfoben oder mit gutem Grund

Wie sich allmählich die Gedanken erst durch Fremdes recht fertigen, beiseite treten, um einem Nachwuchs beifallumbrandete Auftritte zu ermöglichen, seht ihr jetzt in diesem Interludium. Singen wir dazu Hosianna, Vorhang auf:

Auch mir *scheint* zuweilen, dass es nichts Neues unter der **Sonne** gibt.** — — — Was auch immer das Neue wäre, es müsste ja einen Schatten auch auf mich werfen, oder neben mich, im Dunkeln sehe ich nicht gut. Andere wiederum behaupten, es wäre die Sprache, die einen **Schatten** wirft – tausendfach variierend, träumen wir darin von neuen Welten?***

---

unter den zwei Beinen des politischen **Tiers**: Materie, Gesellschaft als bewusstseinsbestimmendes Sein, oder später noch raffinierter: Denken als Körperdenken, Körper als Geistwerdung – o diffiziles Zwischen, in dem alles Lebendige schon denkt, nein alles Denken pulst und reagiert auf Impulse. Dann aber, verzeiht diese unverschämt naive Abbreviatur, trat eine gewisse Ermattung ein, die der Sprache selbst, die solchen Unsinn hervorbrächte, alles Recht abzusprechen begann. Während der einfache philosophische Esel so mit einer Karotte im **Kreis** geführt wurde, mischte sich Verzweiflung in die letzten Versuche dialektischer Vermittlung. Zumal es ein langsames Vergnügen einer Annäherung wurde, da man, nunmehr uneingeweiht in mystische Paradoxe, nicht recht wusste, was das Ding denn sein sollte, dem man näherkam. Einfacher erschien es da, Sprache überhaupt infrage zu stellen. Denken nicht im Klaren gründen zu lassen, sondern im Klandestinen. Oder die Differenz, die Lücke zu inthronisieren, die treuherzige Aufhebung im Offenen zu postulieren. Und am Ende sich doch nur je nach **Neigung** anarchistisch oder grüblerisch-pedantisch einzurichten und die Widersprüche fröhlich zu produzieren, um zu **staunen**. Darüber sind wir scheint's kaum hinausgekommen. Vielleicht beruht ohnehin die Philosophie nicht nur auf dem Erinnern, sondern auch auf dem **Vergessen** aller vorhergegangenen Philosophie, der Umgießung in neue Begriffe. Wenn man diese dann herzusprechen weiß, heißt's: Man hat es verstanden. Vergessen! Wie, wenn wir alles vergessen? Welt der Poesie, in der wir, alle Philosophie überspringend, das Wort wieder unverschämt als Wesen der Substanz, den Körper aber momentlang nur als Modus der Wörter verstehen?
*** Schatten: Der **Umriss** eines Bildes, schwarz ausgefüllt, ein Schemen. Schatten ist immer Schatten von etwas anderem, und die Größe der natürli-

Nur Träume? Atempausen des Sprechens, o Pneuma. Ungeblendetes Schauen in einem Raum der geringen Unterschiede, der Kühle. Wirft Sprache den **Gitterschatten** eines Traums. Spricht Sprache ins Dickicht der Wirklichkeit? Wirken Träume im Schatten der **Kleeblätter** einen glücklichen Zusammenhang aus Sprache? Träumt Wirklichkeit die Sprache der Schatten, im **Geblätter** der raschelnden Wogen, Schritte durchs Dickicht? Wimmelnde Insekten und wuchernder Irrsinn, weicher Mulm, entkleideter Blätterwald, splitterndes Unterholz, gelichtet, es flatterte, knackte ...

Jetzt lässt sich gut sentimental werden und von den Zeiten sinnieren, als wir noch am Ufer entlanggingen und naiv Zeichen in den **Schnee** stapften! Aber daran erinnern wir uns kaum, wenn uns das die neue Schlichtheit mancher Poeten auch weiß machen will. Die Felder sind so weit und weiß nicht, auf die wir schwarze Fährten legen. Und das beredte Dunkel wurde höchs-

---

chen Lichtquelle *(Sonne)* übersteigt den Schatten. Schatten wiederum ist größer als der Gegenstand oder das Lebewesen, das ihn spendet. Welcher kleine Gegenstand nimmt Licht, um Schatten zu geben? Im Schatten ist es kühl, sind die Unterschiede getilgt, gibt es nur Schwarz oder Grau, man ruht. Darin ist er dem Schlaf verwandt, weniger dem Traum. Aber der Schlaf spendet Traum, kann der Schatten Schlaf spenden?
Wirklichkeit, die (nach Pindar) im Schatten der Sprache träumt.
Sprache **überwölbt** die Wirklichkeit, ist ihr übergeordnet, ist das primär Genannte – und diese von jener abhängig? Aber ein Einwand: Der Gegenstand ist doch kleiner als sein Schatten. Sprachgitter, das ein großes Schattennetz wirft, in dem sich Träume verfangen, Träume der Wirklichkeit? Oder wie es fassen? Und wenn die Sprache nicht die Wirklichkeit *(Licht, Tag etc.)* abdunkelt, die ja erst *im* Schatten träumt, was dann? Das ist verwirrend. Man neigt doch dazu, zu sagen: Wirklichkeit übersteigt die Sprache, wird nicht von ihr bemessen. Müsste nicht Sprache im Schatten der Wirklichkeit träumen? Aber wie könnte Wirklichkeit, dies **unendliche** Sichausbreiten, begrenzt sein, um einen großen Schatten zu werfen, in dem sich Sprache tummelt? Also erst Sprache ermöglicht das Träumen der *(oder einer)* Wirklichkeit. Nur welche Lichtquelle? Wenn **alle** Wirklichkeit im Schatten der Sprache träumt. Außer-

tens zum Schweigen gebracht: Schnee, der vom Himmel fällt, ist noch keine himmlische **Einfalt**. Wir sollten mehr tun, als die innere Leere mit Aufrufen an das Gedächtnisvermögen zu erfüllen. Zwei Wörter sind eine Geschichte, drei Wörter ein Herbarium – schlagen wir das **flammende** Buch des Herbstes auf.

Nun fühlen wir zwar üble Zeitgenossenschaft und kaum Zeitgenossen. Was aber tun, wenn wir den **tragischen** russischen Zeitpunkt aller Dichtung verpasst haben, verpasst haben, den Korken rechtzeitig einzupfropfen, damit die Botschaft der Flaschenpost Mandelstams nicht vom gemeinen Wasser durchweicht wird? Was tun, wenn die Kassiber all der jung gestorbenen Dichter nicht mehr für uns bestimmt sind? Sollen wir zu Philologendichtern verknöchern? Dabei gibt uns der Magus des Nordens ein gutes Beispiel, was ein **Kreuzzug** der Philologie bedeuten könnte ...

---

halb dieser träumenden Wirklichkeit ist noch Wirklichkeit, die nicht nur größer als der Schatten der Sprache ist, sondern womöglich größer als alle Schatten aller Sprachen. Die doch über alles einen Schatten werfen, was wir sehen. Ist also Sprache vor *(dem Träumen)* der Wirklichkeit das Primäre; ist Sprachschatten größer als *(geträumte)* Wirklichkeit und Wirklichkeit nicht im Hellen, sondern im **Dunklen**, Indifferenten?
Wirklichkeit träumt. Sprache ist klar und begründet Kühle, weite, dunkle oder graue, indifferente Zonen, ist der Ort, an dem entweder ein **Tagtraum** oder der Schlaf einen einholt. Wie kann Wirklichkeit träumen, wo sie doch wirken, schaffen, kurzum: *real sein* soll. Wo Wirkung, vornehmlich im Bann unserer Reiz-Reaktions-Maschinerie, ausruht, tauchen Erinnerungen oder Träume auf *(Träumen ist das Nichtverbindenkönnen oder das Aussetzen der Reize).* Wo Sprache einen Schemen ihrer selbst, ihre ungefähren Inhalte hinwirft, wo sie nicht zugreift, nicht trifft, sondern umreißt und andeutet, wo sie ausfranst und dunkel, verheißungsvoll bleibt. Aber welche Verheißung schwingt darin mit? *Wovon* träumt die Wirklichkeit? Ist es ein Land der **Unschärfe**, das die Sprache unter ihr dunkel umreißt *(auf der Erde, auf dem Verstehen, worauf wir gründen),* das nur an der Grenze zur Helligkeit Schärfe zeigt oder im Kontrast zu ihr, ist dieses Land, diese Zone, bewohnbar? **Ist die *Erde* bewohnt?**

In **Babeltürmen** thronende Dichter! Du mehr trockenen Staub als Elemente aufwirbelnder Sonettschreiber! Kann, was an **Sinnlichkeit** und heiliger Einfalt fehlt, schweißtreibende Wortsteinbrucharbeit wieder wettmachen?

Heißt ihr es gut, Wörter, wehrlos wie junge Knaben, in einen alkäischen Odensack zu stopfen? Sollte man eure aleatorischen Anhängsel nicht eher für gewitzt verschnürte **Wichtelpäckchen** als große Würfe halten? Wollt ihr so die disiecti membra poetae ins Geschick bringen?

O fröhlich herausgepresste Lust- und Lautpoesien überfressener Sprachsekundanten! Heute möchte man gern ein Original sein, ohne dass man einen Begriff davon hätte ...

W a h r l i c h , wir haben schlecht verdaut! Selbst die dreißig Jahre lang von Apologeten beflissentlich gegarte französische Philosophie – ist zäh geworden.

Wer ein undurchdringliches Nest aus tausend Verzweigungen baut und faul Ei um Ei hineinlegt, wehrt nur die **Elemente der Poesie**: Empfindung, Wagnis, Wind und Andrang ab – widersteht noch keiner Macht. Da muss ich allein ein **Aufrührer** sein. Liebe Hamannianer! Wo andere würfeln, wollen wir mit der Zeit die Bilder ins Reine worfeln! Alles berauschende Wasser durchströmen die Sphären der Wahrnehmung und Wörter! Sieben mal sieben, ohne Menschennetze auszuwerfen!

Aber wen **Niemand, der Kundbare**, nicht lesen mag – ist noch kein Kreuzritter, und wer ein Viertel seiner Auflage an Freunde verschenkt, ist darum noch* — — —

(Vorhang zu)

---

* Je länger ich schreibe, desto mehr frage ich mich – schlicht: Kann man mich nicht lesen oder bin ich versiegelt? Bedeutete freilich zukünftige Zeitgenossenschaft allein, mit der Fackel der Wahrheit auf dem **Marktplatz** der Eitelkeiten dem Publikum den Bart zu versengen, dann wäre der Brand im

Das Wort wurde nicht gebracht, um Frieden zu stiften. Das Wort sagt sich los und setzt doch Speck der Mundart an. Es kommt, uns unsere Kränkung zu nehmen, aufzumerken, wiederzuholen und zu entgröbern. Nachts, in der Überwachheit, erinnern wir uns des Worts *(wenn Sterne des aus* **Mitternacht** *gewebten Mantels blinken)* als **Losung** und **Flößung**. Es verteilt neu und betrachtet die eigene Berauschung, raschelt auf in der Acht, die es gibt, fällt in trunkne Zustände und zieht aus, um zu erkunden — — —
Sind da **tausend** Treppen, hundert Stufen, Netze mit Sprachspielen?
Das Wort bildet übernacht Kristalle, in hydrothermalen Gängen, oder schmilzt zu Lava und bildet erst mit den Jahren magmatische, kristalline Figuren. Es geht nicht auf in der glücklichen Apotheose der Entfesselung von Systemen, wir werden uns gegen die Idee allseitiger Vernetzung wehren.
Wunderbare Vermehrung von Satz zu Satz, überfließende Seitenarme, wandernde Nehrung, Zunge und Sand, rieselnde **Beeinflussung**, liquide Symbiosen.

Oft beginne ich grundlos zu **weinen** und mein Blick verschwimmt wie schmelzender Schnee. Oder um mich weint es, denn ich sitze hier mit dem Echo der Rede in der Kälte meiner Höhle, einen dreijährigen Apoll an der Hand, einen drei Monate alten Bacchus der Milchströme auf dem Arm, gedenke Leda und singe den **Schwanengesang**. Und die entfliehende Wärme im Bett erinnert mich an meine ablaufende Zeit.
Sicherlich, als wir begannen, hieß es: Achsen sollen wir in den Verstand rammen, poetische Kontinente besiedeln — — —

Mund des Propheten ein schnell gelöschter Durst, der Nachgeschmack von Feuerwasser. Aber man tröste sich: Was uns jetzt **kontingent** erscheint *(wie ein mögliches Schiffsunglück)*, ist schon morgen *(nach dem Unglück)* ein Piedestal der **Schicksalsgöttin**.

und das Vollendete war nur das Glück, einen Sprung machen zu können.

Ach, in **Pelzen** zusammengekauerte Großherrin des Gelächters, wundersam ist es gewesen, wie ein Riese die Straßen entlangzuwandern. Nun bezeichnest du das **Unsichtbare** mit frivolen Namen und verschwindest in der Kammer, um zu lesen ...

Wir stellten uns das herrlich vor in unserer **Wunderkammer**: eine Gesellschaft erhitzter Gemüter. An **Wahnvorstellungen** grenzende Prolegomena, endlos verzweigte Begrifflichkeiten. Es scheint, nur ein zwielichtiger Jemand blieb nüchtern und berauschte sich nicht an abendländischer Trost- und Erbauungsliteratur, die sich den Bauch vollschlug mit Gesetzen, Kategorien, Regelwerken.
Manchmal scheint uns das jetzt in einer dunklen Urzeit zu liegen. So ähnlich müssen jenem Amerikaner mit dem Raben *Nevermore* die ekstatischen Traktate deutscher Indifferenzphilosophen vorgekommen sein: befremdlich wie **Konxompaxrufe** in eleusinischen Mysterien. Aber wir müssen gar nicht große Folianten blättern, uns reicht es schon, wenn wir eine kleine gelbe Bibliothek entlanggehen und anhand der paradierenden Namen ganze Ereignisketten, Nebelfelder und versonnene Szenarien ausmalen, in denen seit jeher **Kreuzritter** auftauchten, entrückte Begebenheiten, Pamphlete, unsterbliche Blumen ... – Reliquien eines Angedenkens an beseelte Weiten, den Schatten unserer träumenden Ahnen und unsterblicher Gestalten, **Feuerpferde**.

Wir denken daran, wie es war: die Holzläden zuzuklappen, wenn draußen die Sonne schien, inmitten eines Walds und heißen Sommertags im Zimmer Wort für Wort auf das Papier zu setzen ... Und daran ist noch so viel wahr, dass ich, über alle Bücherstubenzeitgenossenschaft von der kindlichen Art hinaus vermeine, etwas von dem Samen einer abgeschiedenen Wahrheit in mir zu haben, selbst wenn ich, im seltsamen Leib steckend, zum Spaße mir den vom Herrn gemachten **Fellrock** eines Rhapsodisten überstreife in einer ganz unkarnevalischen Verwandlung.

Da bedarf es nur etlicher Worte und einer Sonntagsruhe, die ins innerste Bürgelîn strahlt: Also setzen wir Sätze zusammen, hören Hufklappern in verschneiten Parks, sehen Sonnenaufgänge, wärmen uns an Kaminen und stoßen in den Scheit, während eine sonore Stimme uns die Trauer der **Jahrhunderte** erzählt.[*]

Sollten wir uns nicht daran halten, anstatt lediglich die Fetzen eines Lumpensammlers, flüchtig übergeworfen, zu einem philosophischen Kleid zusammenzuflicken oder den gesunden Überlebensverstand mit seinem natürlichen bescheidenen philologischen a posteriori unbedingt für postmoderne qualitates occultae und Ähnliches auszuposaunen? Freilich war der hochgeehrte **Anachronist** mehr Zeitgenosse als jedermann – heute. Wer zu viel sibyllinische Bücher auf einmal liest, macht bereits nach **kurzer Weile** den Mund auf zu geflügelten Sprüchen, aber würde man sich auch in Schweigen[**] hüllen, so hätte das noch nichts zu bedeuten.

---

[*] »Er sprach mit uns auch von seinen Büchern. Er erzählte uns, dass manche da seien, in welchen das enthalten wäre, was sich mit dem menschlichen Geschlechte seit seinem Beginne bis auf unsere Zeiten zugetragen habe, dass da die Geschichten von Männern und Frauen erzählt werden, die einmal sehr berühmt gewesen seien und vor langer Zeit, oft vor mehr als tausend Jahren, gelebt haben. Er sagte, dass in anderen das enthalten sei, was die Menschen in vielen Jahren von der Welt und anderen Dingen, von ihrer Einrichtung und Beschaffenheit in Erfahrung gebracht hätten. In manchen sei zwar nicht enthalten, was geschehen sei, oder wie sich manches befinde, sondern was die Menschen sich gedacht haben, was sich hätte zutragen können, oder was sie für Meinungen über irdische und überirdische Dinge hegen.« *(Adalbert Stifter)*

[**] An dieser Stelle will ich Pierre de Lusignan mit dem **Schwertorden** in Erinnerung rufen, der von seinen Mitgliedern ein reines Leben forderte und ihnen das sinnreiche Symbol einer goldenen Kette umhing, in der jedes Glied

Wir können auch seine Schriften ruhig der Plünderung freigeben, ohne dass wir dabei etwas verschenkten, denn **Keiner** wird es recht verstehen.

***

Entgegen der Wahrscheinlichkeit kann alle **Einfälltigkait** seit dem Ursprung der Urteile nicht eine der Sprache, sondern nur des Herzens und des Pneumas sein – *jetzt muss ich in Gleichnissen reden, dann aber seht ihr Gott von Angesicht zu Angesicht.*
Aber aber, so natürlich ist das nicht. Schaut doch, wie der wollüstige Magus im Taumel der **Masken** und ironischen Intrigen sein Herz sich aufrichten fühlt. Schaut doch, wie er sich belebt, wenn er seiltanzt über all den aufgespannten dreifachen Böden, all den Netzen und Auffangvorrichtungen für den Andrang der Bildmassen, die hereinstürzende Welt, im durchlöcherten Raum der Melancholie, unter bestirnter **Kuppel**.

Dunkelheit wölbt sich allmählich über meinen kleinen Verstand, und darin höre ich ein: Miau. Was für ein **Aufschrei** gegen die Sterblichkeit, die sich an den kleinsten Dingen festmacht und auswächst zur **planlosen** Angst.

Und da haben die Menschen: **Barrabas**, **Barrabas** gerufen. Gut, dass sie nicht ihn freischrien, den Aramäer: ein Verrückter, Sektierer, der in hochmütigen, singenden Thesen sprach. Er ging auf in der Wirkung, brauchte niemanden, aber wollte Seelen, trieb sie auf die Spitze der Entscheidung zwischen Wahn und Schwermut zu. Leckte nach Ruhm, ließ keine rhetorische Wendung, die vor den

---

die Form eines S hatte, was »silence« bedeuten sollte. Oder jenen **Silence**, der von einem Schurken, dessen Weg Leichen pflasterten, in verschneiten Bergen Italiens umgebracht wurde und der das Zeichen seiner Verschwiegenheit als **Wunde** an der Kehle trug, verdeckt von einem Halstuch.

Kopf stieß, aus, jähzornig und siegesgewiss. Herrlicher Nietzschechor, der den Verbrecher und Aufrührer heraus in die Freiheit rief, die ihm seit Anbeginn gehört. Haben wir nicht genug Erlöser, die ihre eigenen Kränkungen tilgen wollen, lautere **Idioten**, die Blutbäder befählen, wenn ihr schwaches Nervenkostüm das vertrüge? Die Herumstehenden, sonst zur **Wirkungslosigkeit** verdammt, riefen also den allzu authentischen Poeten, dass er gekreuzigt würde. Oder riefen sie: Jesus, Sohn des Vaters? – und der Prokonsul entschied im Lichte der Vernunft, die an jenem Tag vielleicht nur ein Anfall von **Kopfschmerzen** war — — — Hosianna dem Sohn Davids! War er denn der phatisch sprechende Prophet, der Narziss und Prometheus so in sich vereinte, wie das jemand von einem russischen lungenweitenden, in Zungen redenden Poeten behauptete?

Prometheus wurde bestraft, aber das Spiegelbild bei Nacht wäre ohne Feuer nicht zu sehen. Schaut diese Szenerie: ein Blaken, von Hand zu Hand gereichte Schale, Verrat und zuvor **Aktionen**, an der Zeit, und dann: poetische Betrachtung im Widerschein der erinnerten Taten, die erst das rechte Licht geben. Am Ende sitzen wir an einer Tafel und trinken aus einem Kelche. Abendmahl *(endlich die friedliche Speise)*. Nennt er sie alle beim Namen, der Reihe nach. Was wir – unserer Geschichte eingedenk – in Vorsehung des eigenen Opfers – wissend um das Ende – unseren Freunden sagen am Vorabend — — **Poesie** — —*

Sehen wir nun unsere individuelle Wahrheit nicht länger als fehlerhafte **Kopie** an, sondern als Kuhhaut der Dido, die alle Wahr-

---

* Was habe ich nun dem verzweifelten Leser geantwortet? »Denn es ist vortrefflich beobachtet worden, dass unseres Heilandes Antworten auf nicht wenige der Fragen, die ihm gestellt wurden, nicht zur Sache gehörig scheinen, sondern sie gleichsam nichts angehen.« *(Bacon)*

heit umspannt, so weit, dass kein Ende zu sehen ist. Eigentlich gibt es keine wesentlichen Unterschiede, nur Streit, **Eitelkeit** und Urteile. Wir nötigen uns Gegner und Gegensätze ab, um etwas zu fühlen. Sondern uns ab, um sonderlich im liebevollen Blick mit Mal himmelweiter Unterschiede gewahr zu werden. Da wölbte sich die Zeit zur Kugel, alles ging ineinander über, doch sieh: ein feiner Riss in der Hemisphäre. Heimlich flüstern und zugleich liederliche Direktiven ausgeben, obszöne Laute vorbringen und freiatmend die Stätten der Einfalt verteidigen.

Nebel letztlich, das alles. Ich weiß doch, dass ich nichts bewirke – und bin doch in meiner Wirklichkeit alles Wirkliche, das die Poesie ist: **Randgebiete** des Tages, Dämmerungszustände, Auflösen im Rauschen, im **Ahornschatten** prophetische Gespinste, Bürde der Zeit.

Eine plötzliche **Versonnenheit**, eine Ausmalung, Absplitterung – nichts von Müdigkeit, dem zärtlichen Gleitenlassen, aber willenloses Dahinschweben, was einen Begriff von Freiheit geben könnte. Und dann:

Lange Weile und leeres **Warten**, sich beruhigend mit der Krönung der Eitelkeit im Streitgespräch von Niemand zu Nemo, dem Listigen – um nachher in tiefes Schweigen zu fallen. Raureif und Stillstand. Denkend, dass irgendetwas hängen bliebe im Anderen von der Welt, die ich mir so reich gemacht habe, wie ein **Engel**, der sich nicht satt trinken konnte an schwarzen Worten. Und wenn es darum ginge, Urbild um Urbild in Masoren zu übersetzen, in die Unmittelbarkeit einer Fährte?

Nun aber ein anderer Sommer, aufblühende **Felder**, kronenhohes Licht im Schaufeln der Böen entlang der Halme, über knarzende Stufen, rot schimmernde Beeren, in **Schalen** auf der Terrasse dauernd. Du wohnst in einem Schmerz, *tu rêveras que ta maison n'a* *plus de vitres*. Legst dich zum Schlaf nieder in ein unreines Bett, und es rauscht durch alle **Empfindungen** hindurch, weckt deine Instinkte.

Jetzt, das Zuschlagen von Autotüren, Bilder steigen auf, öffne die weißen Vorhänge, verliere mich im Blau, das der Fensterausschnitt freigibt, höre auf zu schreiben, **Schwatzen** fremder, vieler Stimmen, und der Wunsch, hinunterzugehen, auf die Allee, sich in der Menschenmenge zu verlieren, **antlitzlos** zu werden, in den **Bildern** ertrunken, die ich mir machte.

PASTICHEN UND POESIE

Übersetzung nach Neigung

Der Übersetzer beherrscht, wie der Dichter, die schreibende Hand und das Geschriebene, will man meinen. Stellt um, formiert, gruppiert – und jede kleinste Änderung trifft ins Mark. Von jedem Punkt aus müssen alle anderen Punkte gegebenenfalls revidiert werden. Wir reden ganz unmittelbar von Anordnungen und Integrationen, von subtilen Überläufern und verräterischen Spuren. Der Übersetzer merkt bald: Die Sprache beherrscht ihn, doch den Dichter beherrschte sie ebenso. Der Übersetzer muss nicht das Gesetzte als Gesetz nehmen, das fortan nurmehr unvollkommene Abweichungen kennt, sondern als das Maß vieler, durchaus nicht aller Dinge. Dann wird er den jede verächtliche Übersetzerdespektierlichkeit bannenden Triumph feiern: Es gibt immer eine Äquivalenz. Wie die Wertigkeiten aufzurechnen sind: ein schwieriges Unterfangen. Wie ein verlorenes Paradies in ein wiedergewonnenes verwandelt wird – schwer zu sagen: aber in der Unterhandlung und Verhandlung – und nur dort – nicht unmöglich.

Äquivalenz, um großen Werken gerecht zu werden, das wäre schon etwas: Gewaltige Sklavenarbeit wartet auf euch. Aber nicht immer kann es das goldene Eiapopeia der Übertragung, der Adaption sein, Äquivalenz vorzugaukeln – und das Ding unendlich mühevoll, aber sicher nach Haus zu schaukeln. Zuweilen interessanter, als das innere Entzücken in braver und schätzenswerter Kopistenmanier für Frohnaturen zu veräußerlichen, scheint doch, Gedichte, sich sprachlicher Verlustierung ein Stück weit anvertrauend, weiterzuschreiben, sie in eine andere Welt zu reichen und, eigentlich angereichert, ihnen eine Prägung der Neigung und dem Neigungswinkel gemäß zu geben.
Einen Autor verstehen heißt immer, Rechnungen mit vielen Unbekannten aufmachen. Dabei werden seit längerem im Zeichen

der Differenzphilosophie das Derivat und Übersetzung gegenüber dem Original aufgewertet. Dass die Beziehung zwischen vermeintlichem Ursprung und Abbild womöglich reziprok ist, scheint aber kein ganz neuer Gedanke. So ließe sich, um ein Beispiel zu nehmen, die Unterscheidung von similitudo imitativa und similitudo exemplativa des Scholastikers Bonaventura gut auf die Übersetzungsproblematik applizieren und die Idee sich vervielfältigender Ähnlichkeiten daran knüpfen.

Freie Übersetzungen in der Art eines Herumtollens ungebändigter Wildfänge offenbaren der Sprache Schlupflöcher, durch die das Gedicht aller Erwartung entschlüpft, entspringt oder auch überdreht: So greift überraschend, wie ein Brand, alles auf nahe liegende Oberflächen über. Als Nahrung fürs verfeuerte Werk dient poetologisch-poetisch verhäckseltes Wortgestrüpp der Originale. Funken sprühen sodann, ob nun verrückt, verhext oder schlicht Knall auf Fall *(Raketenball)*.
Um ein Beispiel aus den folgenden »Travestien« der Gedichte des niederländischen Autors Erik Lindner zu nehmen: So steht neben der ersten Verhunzung von Wörtlichkeit als Überschuss übers Ziel hinaus, als Quasi-surplus-Schluss mehrerer Übersetzungen seiner Gedichte oder auch als vollständige Quadratur des Kreisens zu allem Anfang ein Gedicht, das die Frage nach dem, was *Über*setzung zu sein *scheint*, stellt. In dieser freien Erweiterung werden aus der »pastille de menthe« – zunächst mit der Parodie-Pistill zerkleinert: Brösel. Husten: Halsversprechen, dann aber, neu zusammengeschmolzen, Heilspastillen *(-pastichen gegen das Gemeinte)*.

Boris Pasternak, eingewirkt

Poesie

Krass dir verschworen: Poesie
Mit Flüsterstimmen: nimmernie
Das Süßgeraspel der Tenöre
Der Sommerschauplatz falscher Chöre
Nein: Vorstadt, drittklassig! – stichi!

(Gedichte) – stickig, wie der Mai bepackt:
Schewardins Schanzen nachts im Feld
Wenn Himmel stöhnen – treibt Infarkt
Der Wolken bricht – zu Grannen spelzt.

Im Gleisgewinde zweifach drehend –
Bist Vorplatz und nicht Sang noch Klang
Ein Kriechen aus der Schneisensehne:
Nicht Liedgut – sondern Eile, Drang.

Als Schößlinge in Lichtlawinen
Als Schloßen: Dreck in Beeten, aufgewühlt.
Und lange, bis zum Abend, rinnen
Akrostichi *(Gekrauch): zum Reim gefügt.

Sei Poesie, sei trotz Banalem! –
Ein leerer Eimer Zink ein Kran –
Doch fange, sammle mit der Schale:
Das Heft liegt vor dir. Flussandrang

   – 1922

Der Kaukasus: in Silberlaken
Zerknittert *(paume – ladon')*. das Eis
Mit Häuptern, die aus Schwarzgrund staken:
Als Blau ins Bodenlos gegleißt.

Der Fog zieht eigensinnig, pegelt
Den kalten Frost, es blitzt und blinkt –
Als ob ein Schussgeknatter segelt
Zur Niedertracht der Eisschlucht sinkt.

Gewalten Karabinerkolben
Die Höhenluft Legendenstoff.
Ich sah. ich spürte Neid, wie golden
Die Anschau an den Zacken troff.

Wenn nur ein Ähnlichkeitsgeräder
Uns wiederrollte durch die Zeit
Und Nebel. giss jetzt am Geäder
Wie steil, wie weit die Zukunft reicht.

Und vor mir, hinter mir – die Verse:
Den Absatz drückt die Zeit mir ein.
Sie stäubt mir den Vorausschauregen
An Klingen ihres Gratkamms fein.

Da ist kein Faltentiergezwicke
Kein Dichterzirkeln kein Verdacht.
Ich bin, anstatt den Vers zu knitteln
In den Poemen selbst erwacht

– 1931

Über meine Verse

Auf den Trottoirs leg ich sie aus
Mit Sonne und mit Glas versetzt.
Im Winter häng ich sie ins Haus
Als winkelweites Deckennetz.

Der Speicher rezitiert, umgarnt
Die Fensterrahmen und den Frost.
Ein Kobold narrt die Not, verkramt
Mirakel hinterm Spind, springt Bock.

Nicht Monde – Ende und Beginn
Sind graupelböenfortgewischt.
Und plötzlich seh ich: Sonne Wind
Selbst Licht ist neu – ist weiß wie Gischt.

O Krippenfest: die Dohle lurt
Und ausgelassen schweift der Tag.
Durch breiten Strom geht eine Furt
Die bisher fremd im Schatten lag.

Was flattert dort. die Hand zum Schirm:
Ein Schal. durchs Kipplukfenster ruf
Ich: Kinder heute haben wir
Welches Jahrtausend auf dem Hof?

Der freigeschippte Weg versank
In pulverigem Schneesturmflug
Als ich mit Edgar Poe was trank
Als ich mit Byron Joints durchzog.

Als ich den Darjal Lermontows
Die Hölle sah, das Arsenal.
So stolz, wie er den Wermut soff
Sei erdgepflockt mein Lebenspfahl

– 1917

Stille

Der Wald durchwoben Strahl um Strahl
Die Sonne rieselt Staub zu Säulen.
Hier tritt der Hirsch heraus, man sagt
Er meide Nacht und Wolfsgeheule.

Im Wald ist Stille, Laut-Absenz –
Nicht Stein ist die, nicht erdgewandtes
Und sonnentrunknes Taggespenst –
Als sei ein andrer Grund vorhanden.

Doch kehrn wir wieder, ärmelroh.
Da steht der Hirsch doch echt, von Blättern
Verdeckt am Stamm. und deshalb hört
Man jetzt im Wald nicht mal ein Zittern.

So zart: ins Grün Gewachsnes kaut
Er – blickt umher – ein Zweig wird knacken ...
Herab die Eichel: Tropfenlaut.
Er streift ein Blatt mit seinem Nacken.

Der Pastinak, Iwan – sind Namen:
Kamille Wachtel Walderdbeer.
Ein Zauber? durcheinanderkramen:
Im Strauch verklettet: was und wer?

Der Fluss weit weg ist einsam Zeuge.
Die Schlucht mit lautem, leisem Hall
Bekräftigt: das hier war. es steigen
Die Töne aufwärts wie im freien Fall.

PASTICHEN UND POESIE – ÜBERSETZUNG NACH NEIGUNG

Das rauscht und braust in Wunders Wogen
Es tönt selbst Baumgesäge stumm.
Es wurde schwarz und weithin hoben
Sich Mächte. das war: Gottgesumm

— 1957

Sonne vor Peredelkino

Die Sonne kam heut morgen wie versprochen
Gradwegs und immerzu, von Sinnen –
Und hat Fauteuil und Wände übergossen
Mit Flammenocker und mit Stimmen.

Vorm Fenster stieg die Schwüle, flirrte zitternd.
Dann schlugen Tropfen auf, die Lache
Am Wetzstein – wie ein blauer Spiegel, Splitter
In dem sich Streifen Länder brachen.

Und alles weitete sich, wurde offen.
Die dumpfe Schwüle sprengte Regen
Voll Lust und Dunkelheit – und Tropfen troffen
Hinab, um jeden Stein zu segnen.

Ins aufgesperrte Fenster, in das Erkereck
Da setzten sie sich taubengleich –
Die Wolken. Wasser ist es, wohlgemerkt,
Das Holz und Kreuz und Pfähle bleicht.

Die Vögel zwitscherten. vom Schulhof auf
Die Straße prallten Mädchen – tok! –
Es schnalzte quirlte flossen Schläuf
chen – über Spinnrad Prellstein Stock.

Kein Funke sprühte. hoher Tag, infam.
Der Wolkenzug verschwand. berückt
Von Frauenbeinen um ihn her verschwamm
Des Wetzsteinmeisters Blick vor Glück

   – 2004

understanding Miss Lindner

3 Travestien nach Erik Lindner

Pastille de menthe[*]

Het is dit woord dat ligt, niet ik, weet je
wat – wat heb ik er mee te maken?
Ik ben die jongen die telkens verdwijnt.
Ik ben de tweeling in haar armen.

Onze botten gebed in behoeften.
Onze huid verschilfert bij het licht.
Ons uniform is bont, onze ogen blauw.

We zijn allebei even ongewoon, weet je.
We zijn allebei even beperkt en gesterkt.
We zijn op dezelfde schoot genomen.

Onze oren zijn klein in het veld.
Onze tanden staan recht in het gareel.
Onze nagels zijn koud ons vlees is lauw.

Een lamp buigt over de tafel
en laat haar staan.
Een zwijgende vrouw aan tafel verdeelt
wat van ons is en wat van taal.
   – Lindner

---

* aus Erik Lindner: Tafel © De Bezige Bij 2004

Pastillen gegen das Gemeinte

es ist das Wort, das daliegt
nicht ich, offenbar. was tun?
– *ich bin der Junge, der sich verdünnisiert.*
  ich bin das Zwielicht auf haarigen Armen.

Bonzen! Knöpfe! Gebete! Gehöft und Bottich!
Bronzen – Hui! – schilferts durchs Hitzlicht.
gestatten, unsre Uniform ist Bond, blaue Augen.

das Ungewöhnliche ist allemal dabei, wetten? –
in alle Sprache eingefahrn. eingeparkt, verstärkt: wir ziehn ab:
Schrotschuss. auf Gnome:

– *elf Ohren ziehn klein und gehetzt ins Feld.*
  elf Tandems stehen rechts in der heißen Garage.
  elf Nägel gekaut, schon fließt die Lava. –

geht euch ein Lichtchen auf? biegt die
Lampe euch zu. lasst es im Schein stehn.
die Tafel, die euch speist, ist immer verbeult.
zwieträchtige Frauen sind wir. fatal
   – Jackson

Pastille de menthe

Es ist dies Wort, das lügt, nicht ich, weißt du
was – was habe ich damit zu tun?
Ich bin der Junge, der jedes Mal verschwindet.
Ich bin der Zwilling in ihren Armen.

Unsere Knochen gebettet in Bedürfnisse.
Unsere Haut schuppt im Licht.
Unsere Uniform ist bunt, unsere Augen blau.

Wir sind beide eben ungewöhnlich, weißt du.
Wir sind beide eben beschränkt und gekräftigt.
Wir wurden auf denselben Schoß genommen.

Unsere Ohren sind klein im Feld.
Unsere Zähne stehen gerade in Reih und Glied.
Unsere Nägel sind kalt, unser Fleisch ist lau.

Eine Lampe beugt sich über den Tisch
und lässt ihn stehen.
Eine schweigende Frau am Tisch verteilt
was uns gehört und was von Sprache.
  – *Rohübersetzung von Gregor Seferens*

Halsversprechen: Heilspastillen? *(-pastichen?)**

lügt das Wort, weil es einfach nie erliegt? leugnet
es, im Anfang vom Ende mit Nichts zu tun zu haben?
ist als immerwährender Jüngling auf dem Abflug
mimt einen der Zwillinge der sokratischen Amme.

ach, wir ewig philosophierenden Knochen: bedarf es
doch einer dünnen Haut. Irrlichterei durchs Dickicht.
uff. Wahrheit taucht plötzlich auf: als Kassiber.

nicht ungewöhnlich, aber ungewohnt wahr zu nehmen.
die Beschränkung macht's, macht stark und nimmt
gezielt beide Schößlinge wiederholt auf den Arm.

es ist immer einer zu viel/zu wenig *(unreine Überträge)*
so sehr wir auch Tandems bauen, Reihen, Glieder
bilden: 10 Finger, 2 Leiber: bald kalt, erstarrend.

die Lampe *scheint* immer noch. am runden Tisch:
ja Staiger, jaja Heidegger: ihr wollt lieber schweigen?
Schafe, *ihr* kamt ins Gerede. doch nur obskur. da lieber:
weiblich verschwendet, was bleibt ist auch – 1 Hauch

   – Jackson

---

* Vermittlungsversuch

Verhandeling **vertraag** je met **een zucht**°

een **koe** die met je **oploopt** als je langs **veld gaat**
de **brug die** daalt **wanneer** de **kajuit** van het **vrachtschip passeert**

zo loops als je alleen in de **zonneschijn** loopt

nestresten in het riet dat **voorbij drijft**
krap in het zicht van de **volgende bocht**
vraagt de rivier een visum **voor** de **stad**

meisjes die in winkels werken
en de lipsticks kunnen betalen
om mee te **pruilen aan de kade**

ik drink **draaiend** water
op de **vlakke** hoogte van het **spaarne**
en je adem **klimt** in de **rivier**

   – Lindner, Hervorhebungen von Jackson

Verhandlungen verzögerst du mit einem **Seufzer** // eine Kuh, die neben dir herläuft, wenn du am Feld entlanggehst / die Brücke, die **fällt**, wenn die Kajüte des Frachtschiffs vorbeifährt // so **läufig**, wie du nur im Sonnenschein läufst // Nestreste im **Schilf**, das vorübertreibt / knapp in Sicht der folgenden Kurve / beantragt der Fluss ein **Visum** für die Stadt // Mädchen, die in Geschäften arbeiten / und Lippenstifte **bezahlen** können / um damit am Ufer zu schmollen // ich **trinke** drehendes **Wasser** / auf der ebenen **Höhe** des Spaarne / und dein **Atem** steigt in den Fluss.

   – Rohübersetzung von Seferens, Hervorhebungen von Jackson

   °   aus Erik Lindner: Tafel © De Bezige Bij 2004

Verhandlung über eine Vereinbarung mit der Unzucht

mein Queue, seufz nicht so. Endlos-Loop der
Verhandlungen: es gefällt dir garantiert.
beruhig dich. soll ich in die Wanne ejakulieren?
lass mein Frachtschiff passieren.

du bist doch auch läufig. mein Sonnenschein.
öffne dein Schilf: Nestwärme.
das Leben zieht zu schnell vorbei.
ich krepier unter dem Verzicht. will vögeln.
wie's pocht: er ragt vor, sieht dich und – steht.

lass meine kleine Meise im Winkel werken:
lip-stick. Cunnilingus. dann dich beschälen.
o mir ist nach Brüllen. nimm mich an die Kandare.

ich trockne aus. gib mir zu trinken, wässre mich.
mir flackert vor Augen. selbst in der Hocke klimmt
das Sperma mit jedem Atemzug höher, ich rufe:

»*bei Sturm werden die Äpfel meterweit aus
der Obstwiese getragen*« (Lindner)
   – Jackson

Pastichen als Enteignung

Aber aber. Nicht zu voreilig! Das abweichende, sich irgendwie einfallsreich gebende und querlesende Übersetzen ist nach und nach Mode im deutschsprachigen Raum geworden. Kaum ein Dichter, der nicht schon das ein oder andere probiert hätte. Alle Spielarten sind vertreten, nur eines soll es nie sein: Die treue Übersetzung wird theoretisch verschmäht, praktisch den braven Slawisten, Romanisten etc. überlassen. Dabei ist nicht immer klar, inwieweit gerade die »abweichlerische« Form tatsächlich eine Verfremdung darstellt. Sie bedeutet auch oft ein bequemes Nichteinlassen: Identität mit sich selbst, den man wieder und wiederfindet, dort draußen, wo die Fremdsprachen hausen.
Werdet euch doch fremd! Hört auf, sein zu wollen – und seid jemand anders! Das ist ein uralter Anspruch, der dennoch selten verwirklicht wurde und seltsam befreiend bleibt: Diese Schläfrigkeit, die er erzeugt, ist keineswegs zu lässig, vielmehr zulässig – und soll doch durchlässig machen.

Eine selten aufgegriffene, gering geschätzte Form ist dementsprechend immer noch das Pastiche, die verehrende Nachahmung. Doch sie war – oder sollte sein: schon immer mehr als das Imitat, nämlich Auseinandersetzung, Überwindung – und entsteht oft aus der Übersetzung heraus. So finden wir hier »freie« Übersetzungen, Adaptionen, die »nichts« mehr mit dem Original gemeinsam haben, ebenso wie freie Pastichen, die mehr als jede Übersetzung auf ihre Art dem Original zuzuschlagen sind. Beide Formen verdanken sich ähnlichen Impulsen. Die Nähe zur Parodie, vor allem aber zum Epigonentum macht das Pastiche so verdächtig. Dabei sollte weder das eine noch das andere in Zeiten der Apologien von Trugbildern und Kopien ein Problem darstellen.

Zudem garantiert vorzugsweise das Pastiche als Form zwischen Aneignung und Äquivalenz den Gang auf »gehenden Grenzen« *(T. Prammer)*, ist weder Selbstidentität noch Autor-Autorität. Oft erst wenn unter großem Banner *(einer Zeitschrift, eines Namens, eines Projekts)* die Abweichung gefahrlos subsumiert werden kann, darf man sich auch grenzgängerisch gebären. Wenn aber statt Kreuzzüglern, fröhlichen Polemikern und ketzerischen Bacchanten vielmehr kreuzbrave Nachzügler sich ans Werk machen und jede harmlose Übung in translatorischer Willkür zum mutigen Ansatz erklärt wird, sobald sie nur von vermeintlichen Kanonhöhen abgesegnet wurde, geht jegliches subversive Potenzial verloren *(man denke dagegen an F. J. Czernins und F. Schmatz' provokante »Reise«)*. Das Einverständnis aller und das gepflegte Überführen des Fremden ins Eigene besänftigt so die Kräfte des lustvollen Dilettierens. Diese Art von Domestizierung läuft dem Wesen des Pastiches zuwider, das auf seine Art den modischen Stille-Post-Verfahren überlegen scheint. Es braucht schon mehr als eine Einladung zum Beispiel der »Schreibhefte« und die betriebserprobte Übung im eigenen Verfahren, das dann umstandslos auf fremde Texte appliziert wird, um zwischen Fälschung und Original produktiv wildern zu können.

Ohnehin legen die meisten Autoren, was ihr eigenes Schreiben angeht, ein ziemlich ungebrochenes Originalitätsgebaren an den Tag. Sicherlich lassen sie auch fremde Einflüsse gelten, aber so weit, dass sie in Pastichen, Imitaten und parodistisch anmutenden Anachronismen verschwinden würden, wollen sie meist nicht gehen. Sollte man nicht eher über die Unmöglichkeit sprechen, NICHT im Anderen aufzugehen und sich auch nicht herauszuarbeiten zu WOLLEN?
Im Grenzfall ist es natürlich immer schwer, zu entscheiden, wo das Eigene und wo das Fremde, wo Übersetzung und wo Original

bzw. das eigene Schreiben überhaupt beginnen, weil eines nahtlos ans andere anschließt.

Aber es ist vielleicht ein Unterschied, wenn auch ununterscheidbar, ob man sich als gefräßiger Autor alles einverleibt und zu einer Wurst verarbeitet – oder ob man sich an fremden Farben und Gerüchen bis zur schwindelerregenden Auflösung schlicht betäubt, ohne gleich allen Wust glatt zu verputzen. Am Ende kommt die gelungene Übersetzung immer von besessenen Schamanen der Kombinatorik, von Scharlatanen der Perfektion, ja – ja und am häufigsten: von trunkenen Sklaven der Nachahmung.

Statt also das Fremde zu vergeigen im Eignen, ginge es eher darum, das Schreiben zu enteignen: der Untreue sich selbst gegenüber treu sein – das eigentlich konsequente Fremdgehen. Diese Treue beruht auf Abschweifung *(zum Anderen)*, auf poetischer Ausschweifung, Vereinigung und Belebung »im Geiste von«. Nur in diesem Sinne propagieren wir hanebücherne Vereiteltkeit von Autorschaft und Übersetzung, die nicht mehr an-, sondern verschwenderisch enteignet.

Goldene Horden
4 Strophen von Oswald Egger
4 enantiotrope Übertragungen

Ich bin mir °gleich, wo die Trauer fehlt und, wie vor
Augen, Farblos fällt. Dieses ersetzt mir, was ich daure,
durch das Netzwerk Flecht-Flecken eines Vorhangs,
ein fast Fastentuch, vor eine Bilderwand gestellt, nicht
auf eine Basis, aufs Wortlos gelegt. Man möchte doch
glauben, die Bilder an den Wänden haben Ohren, dort,
wo sie im Blick den Nu berühren. Der Schleier des
Schmerzes hüllt mich in Gebilde (ebenbildlich) jeder
Gegenwarte, die auch ein Kreuzgang ist.

Sogleich bilden sich Horden und heerschare Gerede,
die Schwärmerei im beständig aufgespannten Netz
aus Analogie nimmt in sich gefangen. Tatsächlich fällt
die bestückte, ursächlich die *bestickte* Wirklichkeit als
ein Faltenwurf über Arbeiten des Auges, sich-in-sich
am Strick der Eräugnisse blicklings zu koordinieren
und die Kompetenz von Absicht und Versehen mit
neuen Landauf-Landab-Strichen zu queren. Wer sich
spricht, kann sich nicht sehen, nicht überlaufs häufen.

   – *Egger*

---

aus Oswald Egger: Der Rede Dreh. Poemanderm Schlaf © Edition Howeg 1999

gleich dem fehlet ja holder Schwan: ins trunken-traurige
Wasser: dort farblos, grund und klandestinlos glitzern.
ist's dahinter Sais? oder schillert nur ein Thesen-Tosen?
Asketen tafeln gleichwohl üppig ohne Losung, Wortungs-
Weihe, Basen der Propheten, Glatteis-Spiker, sichrer Gang
im Ungewohnten – fahrbare Heizung! Kreuzzung! – ung –
gewohnt im Kreuzgang! Zug für Zug Entzug. des
Schmerzes, der so nur *schleierhaft* sich ins Glitzern hebt
Moiré, doch ohne Kreuzweg, Warte-noch-und-noch-Herde

das sind Strolch-Besen, pump-nickelig, die ihm pludern
wogegen hier goldne Horden wüten, mit Bastard-Blut
ohne Netz: Entsatzung vorm Herrn, schnittquer die Hof-
Seilereien, der Spaßjunker im Schnee. nix zu besticken
weil eher zu ersticken am Würge-Schlick der Ver-
zeitigung. Stick-Strickerei zu drehen ist eines. anderes
ein Verse-Sehen. daraus ein Verfehlen abzuleiten, ab
um in schöner Bestrickung runde Knoten ins Meerblau
zu loten, reißt es nicht die Finger mit? geht was unter?

– Jackson

Ein Gimen-lichter Strahl muß glast von Glimpf-Tau
abgelegt am Stengelschaft Barst-Spalt Gilge haben,
halb-schwanke Schattenrisse, Flucht-Schellen und
Schummer-Blumen so Tag- und Nacht-gleich. Zähl
die Nut inmitten von Minuten Stund-um übersprungen.
Dem Lichtjahr folgen Rundschnüre Schemen, Kortel-
Knoten, und die Jahrmillion. Nichtbilder prangern
Fassade überhimmelt in Eiskristallen, Bild-Nissen
diese Warb-Waben der Facetten Gattern und verkörpern.

Führen Schlitten den Füßen nach und, so der Wind,
zögen kleine Lumpen. Klöppeln oder Rodeln, woran
Hunde gebunden – welche sie im Gebände zögerten,
die sie fliehen –, tollende Schwirrfiguren, Luftwirbel,
Aufwinden-die klipp-klappern und kugeln über
Schnur und Eis, Schlagauf, schlag!, ein Fischwald
flußauf hüpfender Punkte und Schaumünzen rollte
von bewegter Haut auf Milch, mein Himmel,
bist wo, bist du? – taglangender Glanz.
   – Egger

---

aus Oswald Egger: Herde der Rede. Poem © Suhrkamp 1999

Gilling gissen Giemen Gimpel Gien und Gieper fehlen.
Lichtregen? seidenweißes Ziehen, Spannen, Schätzen.
Schlummer: Schnitt und Sense! doch Tod ist uberall.
das stimmt auch in der Herde-Rede. wo drüben freilicht
Traum um Traum auf Mauern fällt und lammsanft blökt
ist hier Geblöcke. keine Schelme – Tringen. im Nu
schallt es auch klingelfein und gibt mit Knoten Wort-
Verstrickung vor. ei der Daus, du verdattert: krass,
was da kristallisiert: Drusen-Düsen, Bilder – immer: wilder

soll Mutwill-Kür nicht korybantisch trunken in Eis
und Winters Zaum versunken? Gnome plagen doch aus
allen Ärmellöchern, schwenken Fähnchen mit Zipfel
und Zimt in den verschleckmäulerten Augen. die
silbernen Stern-Kapseln, Roll-Metall, was weiche Mulden
formt und paume: den Äther dünn am Tonkrug fühlt.
wenn's dann in Lippen sticht, braschenbläherig und
krankes Kind im Giemen *(Brust wie Gilling innen*
drückt es), findet's Tage aus dem Fynstren, leinenweiß

   – Jackson

Abschweifungen zu Raoul Schrott

»zu geduldig zerreißt das Meer ein Papier nach dem anderen« *(Derek Walcott)*

Pastiche auf ein Pastiche auf Walcott und eine Abschweifung sowie eine Abschweifung zur Abschweifung vom Pastiche des Pastiches

gegen fünf uhr nachmittags wirft die sonne die träume
der teuer buchenden provinzler an die wand · das malvenfarbene
ornament des verhedderten stores und der körper in weiten
kleidern der baedeker auf dem tisch · die worte
zurechtgekämmt · in diese filmkadrierung wird ein blitzlicht
geworfen seine kurzschrift verlöscht zu schnell · der ozean
mahlt die nacht lang in wellen der air-condition · als
der page klopft ist es dann bereits ein uhr · im foyer
ein ehemaliger diplomat rechnete über dem schachbrett
noch eine kombination aus der könig und das mit zwei fingern
gefasste glas · die see vor der terrasse ist geduldig
sie zerreißt ein blatt papier nach dem anderen
vor deinem mund die zitronenschale des lichts

Abschweifung zum Pastiche

sieh die stores *(ungebuchte eingrenzung sicherheit*
der) sehschlitze die welt längs des horizonts · himmel
grün wie ein cocktail · *(gammelig gammelig)* eine
unverminderte unlust am abendessen teilzunehmen
in dreistufigen sprüngen auf den roten samt *(fuß dein*
name ist indianer) TUSCH! – wie das golden schepperte
über dem lack · wörter die ich mir zurechtkämme
mit krull-schrulligem hakelknochen *(finstere fliege*
auf dem fensterbrett – wer hat dich hierherbestellt?) ·
wie fruchtig das büffet! – und der weise *(knorpelfinger*
lazarettfalten) mann wuchtete den strengen könig einen
stein weiter während der ventilator summte kippte
die kellnertür aus der angel und zurück wo der stift war

Abschweifung zur Abschweifung

unlaute mittel des herzbereifens *(rolle)* · diskreter verweis
auf homer und die sonne · auf das *(noch mehr noch mehr)*
überwölbende rot eines panoramatraums · wie ich den
kleinen zeh ins wasser steckte und das weincremegelbe
buch (»gespräche mit eckermann«) aufschlug fand ein
verwegener mönch *(blutrote sonne jetzt)* einlass · er
kroch in das winkelnetz der decke und von hier floss
er herab · ob das gestern war oder irgendwann erst geschieht
wurde in der hitze verweht *(blindes verschlucken eines*
gedankens: nur ...) nur – das faserige des cachenez an der
fingerkuppe stierte ich an · wirrquirbel · das polierte
klavier geizte mit seinen möglichkeiten erdrückt von
der breite seiner schwarzen ebene · dumpfe zwerglaute

Grauloge

vergletscherte hänge · an offenen stellen erde bleich wie
podsol schon jetzt drängt sich das wort moräne auf
aber es gibt noch vieles aufzuzählen: und zuvorderst
stimmung der nacht · in der großen enzyklopädie der
natur gibt es sonnig weiße flecken die sinnliche herrgott
freude wenn wir sie anfüllen · buntes herbarium · welche
mitte aber könnte da sein? · welt der täuschungen von
fluchtlinien und schrägen und winkelgraden · saftig
schwankende renaissance · haben wir das nicht
schon mal vermessen? · seltsam wie uns das erinnert
fast · grundierungen · ältestes paläozoikum · kardeel
eines gesteins · und siehe unten sitzt ein einzelner
schelfert wörter während das dunkel der dämmerung
das salz aus seiner erinnerung löst es mischt sich in
das atemnehmende gefühl einer ohnmacht · an den spuren
geriffelte erkennen sie die zeit – ich sehe jetzt genauer
nur der berg der berg · hydrothermale kompressionen ·
die falten des berges wandern behäbig · elefanten
auf dem weg zum friedhof · die adern durchpulsen
menschen die zu hoch steigen · schläfen · sie doch
einen windigeren traum · und langsam sickert es
das erhabene durch die beschreibung die sich doch
bemächtigen will · gewaltig überhängende metaphern
und schroff enthaltsame nähe · ein spalt durch den nicht
fremdes nur das weiche unbekannte schwarz tropft · das
war ein schneller herabstieg · dann der gedanke an stumme
hoheit · refraktäre imagines · auflösen in unendliches
nichtsprechen · das was vor jahrtausenden flüssig wird

— berlin, 24.11. 2000

Abschweifung I

das erhabene eines gewaltigen zähflusses · einer
erstarrenden bewegung · der in paläozoischer trägheit
liquide lidschlag einer zeit die sich unermesslich
dehnt · nicht: unendliche stummheit · verweigerung
die übersteigt also stummheit ins unendliche · aha
was adjektivisch gesagt wäre im *leeren* wort von:
– unendliche stummheit – ? – ja durchatmen · brustkorb

Abschweifung von der Abschweifung

zähfluss: etwas hält auf viskos · das vorwölbende
einer form deren haut umschließt was innerlich weiter
drängt · das sichtbare randige manifestation der
kraft das so über den grund hinausgeht auf dem
es eigentlich ruht · lippig irgendwie felsüberhänge
aber auch langsam sich verlaufende linien · was
darunter nicht sichtbar ist nicht sprechen mag

Bohne
Pastichen auf eine Übertragung ins Englische
eines Gedichts von Monika Rinck

absolute romantic zero[*]

christ, caspar david, that was the height of ice:
a cathedral slit into the centre, thawing
down its damp pharynx. halting her breath.
a vertical glacier, the neck of a bottle, and in there
halls and chambers. below: water, black with cold.
blacker than black. colder than cold. the giant hens
are on the march, but only the kernel is visible.
like a coffee bean in motion. don't let yourself
be fooled: the giant hen is still there
but out of sight. the whole thing's a disaster.

— *Monika Rinck, translated by Alistair Noon*

---

[*] Monika Rinck, das unternull der romantik, in M.R.: zum fernbleiben der umarmung, © kookbooks 2007

ABSOLUT romantische NULLGRENZE

den Himmel anrufen, Caspar David, solche Höhen: weithin Eis
Kathedrale, aufklaffend ins Innerste: angetauter
humider Rachen *(rasselt)* Atem – still im
senkrechten Gletscher *(Flaschenhals)*. Säle
aus Eis, Gemächer *(hallen ...)* und tief unten schwappt
Wasser, schwärzer als jedes Schwarz, kälter als
jede Kälte. oben brüten gewaltige Hennen in Reihen
doch sichtbar gleichsam nur ihr Kern
(wandernde Kaffeebohne). lass dich ~~nicht~~
hinter's Licht führen: die Riesenhenne ist immer da
ragt über's Blickfeld hinaus. das ganze Panorama – ein Desaster

Nullsummenspiel mit Ei und Eis *(vom Übersetzen)*

ganz hoch, mit Caspar David. und zu Fuß *(Ruf: Ulf)*. immer zu dritt.
Klar, aus Eis, Konturen. Kathedralen bauen, Arkaden aus Schwaden.
Klüfte zwischen hier und dort über Brücken: wo das Wort – wandert
(wie Kaffeebohne) – hält wach, du dich fest. schwanken. im Atmen
steht alles still. Minusgebiet, Eisfachgebirg. Wasser unterspült, Tau
bist gesprächig, bis einbricht ins Blau: Ungrund, wie schwarz, kalt.
Gewalt. und Ohnmacht, vereist. streich es aus in deiner Wortbrüterei
das harmonische Ei. sei nicht ohne, wärme und ströme, knack die eiserne
Bohne: blan, bereite Bahn fürs Manifeste, mit Schwung; Ahnung.
nur die allwissende Hennne gluckt. wen's juckt. schau über den Rand:
ragt die Eiger Wortwand, sieh bloß – das ganze Panorama: desaströs

Junge Bastarde

Vorrede zur Läuterung
Zwar schreiben wir und schreiben endlos ab – aber zuerst war doch immer noch das leere Blatt. Die Blässe. Weshalb mancher, der angesichts dieser Blätter ratlos erbleicht, erreicht, was gewollt war. Nur wer sich diesem schwarzen Ungrund der Palimpseste anvertraut und durchstreicht noch und noch, erhält den Eindruck eines Weiß-Schreibens *(wie der Kessel, der lange brennt)*, das stets verunsichert, wenn es nicht so tut, als schriebe es ins Reine.
Die Blässe ob dieser seltsamen Querschübe, Wildereien, Punktierungen und Häutungen – weiß vom Anfang. Bleichgesichter fürchten zurecht dies Tabula-Wischen, das – trotz maßvoller Raserei zwischen den Zeilen – mehr mit Putzigkeit spielt, als alle vorgespiegelte Nonnenjungfernschaft in weißer Tracht den Anschein gäbe. Philsophi*(sti)*sche Zweifel, ob es da mit – welchen? – Dingen uns angeht? und wie? und wohin? – dürfen aufkommen.
Wer sagt, dies seien nur Nebenprodukte, hat Recht. Aber sind nicht Nebenprodukte viel eher dazu angetan *(-gerührt)*, uns unser eigentliches Weggewirr *(Ursuppe)* gewahr werden zu lassen *(schlürfend)*, uns den Unpfad vorschneller Helligkeit, aufklärender Erleuchtung zu verstellen? Sind nicht Nebenprodukte die recht eigentlichen, abseitig zu entdeckenden Bodenschätze im genormten, unebenheitenlosen Leben? Wer Einfluss nicht fürchtet, hat, nach Bloom, womöglich Kraft, ein Dichter zu werden. Wer gegen diese Blätter Widerspruch einlegt, wird in der Revision nicht Recht behalten.
Manch einem mag die Ritterlichkeit all der Ansprachen schwer verdaulich erscheinen, zumal der Wurmfortsatz der Pastichen alle klaren Gedanken auffrisst. Wir stopfen notdürftig Papier in den bitteren Magen ... und wenn wir diese wirren Wurmlöcher mit Heiligkeit verputzen und wir alle Helligkeit verschlucken, so

ist damit dennoch etwas ausgedrückt und rückt unser Zug weiter, nun gegen alles Renaissance-Blendwerk des heilen Scheins, durch alle Trübungen zum wahrhaft verworrenen Sein.
Und führt zugleich Beweis. Wir erinnern uns: Hatte nicht jener *poeta doctus* die Metapher auf's Schild im Kampf gehoben? Hat er sich da schlicht verhoben? O ihr alle, ungegenwärtig hegende Pfleger eines globalen Poesie-Gärtchens, landet ihr nicht häufig mit euren Vergleichen unsanft auf dem Boden der Tatsachen, dem Allerwertesten? Alle Macht der Metapher? Ist das nicht wie gallische Anarchie für einen gälischen Römer? Öffnet die Willkür eines jeden Vergleichs, die erzwungene Verschmelzung von Disparatem in der Metapher nicht a priori Tür und Tor für Haufen von en-tropischen Schweinereien, die alle welthaltige Beschreibung in einen Sauhaufen aufgewühlter Bedeutungen verwandeln? Metapher! – Ist die Erde nun orange wie ein Apfel oder der Poet blau wie eine Birne, oder sind deine Tropen, Dichter, schlicht unvergleichlich?

Aber genug der unziemlichen Nachträge. Voran: Züchten wir junges Gemüse, das wächst in der Unschuld des Erbens! O Verhäckselungen und Drechselungen der Rede, durch und durch gedreht, verdreht. So kalauern auch wir, kauen ununterbrochen wieder! Kraut und Rüben, oder Rapunzeln unken lassen, das dünkt mir Wunderwankelwerk. Querbeet, liegt alles nah beieinander, schon immer auf der Zunge, die sich verknotet. Vergesst nicht: Diese Knollen wachsen noch! Versprochen? Versprochen! Seid nicht nachtragend, lieber nachsagend, ich bin gern beduselt, ein Wusel mit Aplomb. Der auch schon mal Brocken kotzt. Hexenmeister, da scheißt er.

Pröbchen aufs Exampel – ein Wettlauf in 8 Rennen

O Pastiche, verweise doch – du bist so hohn. An alle Freunde von Unwiesen-Dichtern, die ganz unweise kein einfach Liedchen nit singen mögen!
Haldol Haldol Haldol – ab auf die Halde, das kommt zum Medikamentenabfall, wenn erst aller Schwachsinn in eiliger Schwitzkur ausgeschieden wurde. Aber nun durchatmen! Mein unschulfdiger Dichter mag an dieser Stelle lachen. Denn um ihn geht es nur der Form nach. Wir beide begreifen Verweise nicht nur als lustige Kreuzwortreise für taumelnde, überdies freundlich gebräunte Mönche.
Womit wir beim Thema wären, zu dem ich nicht kommen wollt, weil mir abhold. Wenn ich mir bei einigen Poesien wahrlich nichts anmerken lasse, so will ich doch etwas ablassen, katholisch erzogen. Um des lieben Seelenfriedens willen. Ich denke zurück. Wie der. Der so ziemlich, oder für alles, was ungefähr, aber sicher. In diesem Pastichenmischen kauft er sich nicht frei, bezieht jetzt auch mal Drische. Ab in den anderen Berliner Stall!
Denn das war nun wirklich alles, was der Knall, Raoul *(bist der falsche Gaul)*: Start. Und aus den Boxen, Ochsen, es steht etwas auf dem Spiel. Gewichtserlaubnis 10 Kilo Derrida. Er im weißen Unschuldstrikot. Totes Rennen. Gewonnen – zer-ron-nen. Doch von ganz hinten, schon längst abgeschrieben *(Poesie!)*, kommt, lirum-larum im Delirium: *Larini! (nein, nicht Austritt, Abtritt, gar: Latrine, vielmehr: Lorbeer! Lift und Lichtlawine!)*

I.

was den vers verstimmt – ist mir sicherlich recht oder hat da ein
literarischer biber schlechterdings das pastichenfieber? nagzahn?
bleibt nahe dran, die formel zeitgewinn: vorsicht, bin schon drin.
was anders lautend einfach eine summe wär: nämlich ungefähr

einzulösen was einzulöten war. uns ist ein abschaum geboren.
verhört. 1:0 für die horen. das wär doch was: nackt unter königen
und dann zumindest den versbau nicht beschönigen. geschafft.
das hört noch einmal hin. und wiederum verspielt: das ziel.

wer nun noch schwäbelt wird hart angepackt. mit sack und
knack. ehrlich: heute schon geschnackelt? zu banal, da geht
ein versathlet. nicht mal fürs monetäre wär er jetzt noch hetäre.
einer hat reime – der andere nicht gefackelt: draufgesattelt

P. S. Dieser Dichter ist in aller Munde, anno mundi *(350:10)*. Das Rennen gewinnt er, Klepper. In der Form seines Lebens. Allerdings – gewarnt: Nicht nur gewinnt, wer auf verheißungsvolle Namen oder fremde Reiter *(wie aus andren Zeiten)* setzt.
Die Klammern hat er von mir parodiert, das wird bestraft mit einem Aufenthalt in meinen Gedichten nicht unter einem Pastiche. Ich schwöre ja: Hier kommt allerhand vor, aber nur von seiner *(und das lyrische Ich war schon immer ein Wanderer)*. Anarchist hinter den Bühnen Berlins. Ihn zeichnen Ablehnungen aus, schmücken ihn an Museumsabenden des Scheiterns, ehrlich: herrlich. Ich bin nur seine Handpuppe, stets nachplappernd. Klappernd. Grappa: Es war so kalt, nun folgen Kalaua — — — *(bis wir schwitzen)* »Ich bin nicht Ernst Jünger – auf dem Schlachtfeld taug ich nur als Dünger.« Oder: »Holger, der Kampf geht weiter«, las D. F. von oben wie von einer Leiter. Die Amsel kam und sang auf dem Ast – wir hatten den Moment verpasst. Saßen wir zu dritt, Archetypen, dichtend über -opterixen. So oder so, man soll nicht in fremden Gedichten w...eilen wir zum nächsten Exampel *(Getrampel)*.

II.
(F. V.)

ich weiß, aus diesem Mund kommt nichts als Nebel.
Rauchschwaden, verkümmertes Gekeuche, als fiele
roter Staub auf die Schenkel, ockerfarbene Schenkel
eines Leichnams, das Gebiss aus dem Holozän.

(ich schreibe schon in fremden Büchern)

(und die Musik dazu spielt eine Rentnerband)

spinnendürr wie der Homunkulus einer abgestandenen
Trinkerphantasie, zieht der Kran die Wörter
Stück für Stück, in das Bleierne eines ausgehöhlten
Schädels. Birnenlikör, Branntwein. bottichweise.

(die Halogenlampe scheint auf ein leeres leeres Papier)

(jetzt fällt erster Schnee)

Gewidmet ist dyses Gedicht freylich dem hochallerheiligsten Heiland, unserm Herrn Jesum Christum, ym allein zu Ehren, und deshalb soll nymand daran kein Anstoss nemen. Ich kenne auch die hoden des herrn l. gar nit, dessen bilder hier entlehnert wurden. Weiß nur, dass er so gut sein kleines ledernes geldsäcklein auf den wirtshaustisch zu werfen weiß, zahnlückenlächelnd, wie ich noch nit gesehen bei keinem menschen unserer zunft in disem zeitalter. Wohlan, dacht ich da bey mir, das säcklein hätt gut dürfen platzen auf, da hätt's ein lustiges geklingel gegeben. Aber er schnürt ja immer mit ernster mine, diese minne, ach Memme. Gern hätt ich in den Gesang mit eingestimmt. Aber bin kein Chorknabe. Verzeiht ihr alle, Frau Doktormanne Poetica.

Hier meine Bewunderung in ein Gedenken an ein Fahrradrennen gepackt, bepackt, wie wir waren, bergab, ab in den Graben, wo wir desungeachtet ächzten, nachts erwachten – oder wars am Morgen, der unser Gestern wird seyn? Himmlische Verse! Doch großer Sinn – liegt nicht darin. Möcht ich einmal wieder saufen wie zu hehreren Zeiten, ehrlich, vielleicht wird's noch was, mit dem Pfaffen.

III.
after L *(anstelle eines Pastiches)*
  – I always wanted to return to the body where I was born –

das wärs, das wars, der Nebel deiner Verse hängt nach, als ich im Graben
erwach, wie damals nach nächtlicher Talfahrt mit dem Rad, ich erinnere:
Klippen, Felsen, Wirtshaus, Blick auf Ländereien, euphorischer Lurch

herzlichste Tunichtgute inmitten erstarrender Landschaft, des Gerölls.
nach tagelanger Suche und Einsamkeit, Waldwegen: Aufreißen von Weite
schwere Gerüche und Aufgehobensein, dies erdige Dunkel, alles das

damit nur die Uhr im Rücken nicht drücke, sei ewiger Stillstand. bis hierhin:
schön und gut. aber panische Winde zerfurchen die Stirn auch uns, uns allen
jeder obliegt der Beliebigkeit, der Entropie, *wenn man nicht mehr wächst ...*

geht alles zum Arsch raus. Gott – verschlissen. keine Feier von Atems Ursprung.
scheiße. lieber stammelnde Kosmonauten kreißen. zerreißen also die Hoden des
Poeten. Pfaffe, hör mal auf so zu bepacken deine Hucke, sauf die voll, mach hin

O Muttermund, wie weit geöffnet? Sample oder Gehampel? Zumindest wäre freilich viel hinzuzufügen, weit über den nahe liegenden Bastard hinaus. Und das gehört, läufig oder reudig, freudig oder reuig, besonders hierhin. Müssen wir aber in dieser Eile ausklammern. Oder schlägt's jetzt 13? Daran knüpfen endlos Diskurse an. Himmelherrje – ich bin doch kein Hund? Wuff wuff wuff. Im-Kabuff-in-meiner-Kammer-bin-ich-Kapitän. Mitte meines Wohnzimmers, szenisch beleuchtet. Von hier aus regelt sich alles, segel ich über Weltenmeere. Tausende Reminiszenzen, Sentenzen fallen über mich herein. Hier war ich Mittelpunkt, mein Zauberberg. Seht doch, wie ich regiere. Nachts fahren die Schlitten vor, auf den Stufen der Eingänge küssten wir uns, erleuchtet vom Palastlicht. Was da draußen vorgeht, geht mich nichts an – ich schweige aber nicht dazu, ich lasse meinen Kegel wandern – und er erleuchtet dies und jenes. Darf man mir dies übelnehmen? Kommt zu mir, wir trinken Sherry. Und so saß ich auch einst in diesem hailigen Hain der dichtgewachsnen ranken Gerten, o edle Taillen, im Erleuchteten beim Freunde und hereinschneite B. B. – seitdem nie wieder gesehen. Pflegt auch er den Nachwuchs? O Rap, Rap-, Rappe. Ihr andern, haltet die Klappe: Film ab, hier spielt die Musik *(Getrappel)*!
Sie galoppieren schon! O glücksbringendes Wettkonto, eingeloggt: Urinstinkt. Es laufen doch alle Fäden zusammen – und sei es noch so versponnen. Upps, schon wieder gewonnen.

IV.
Kiez-beach

wie wenn Luftpolsternoppen
sich verdoppeln: als ob Sprotten aufploppen
Grotten, die abhotten, enthoppeln
Moppel den Glockenbäuchen.
so als wäre die Not unsrer Zeit die Zeitnot –
weil kaum Zeit bleibt, gebiert Brunstdunst
Bastians oder Birtes, wie die Wirte
Wunderwaffeln backen und
eingekeilt zwischen kleinen
Rackern, rumrutschenden
Blagen, Lutscher verteilen
an Kindergeburtstagen

»... ein Tag aus unendlichem Wind.« Hier weiß man nun wahrlich nicht, wer gemeint ist und was vermint. Auf Tritt und Schrieb vermutet man jetzt schon was. Hat es schon notiert. Dazu hoch dotiert: Der Kurs steht 289:10, dass 7 von 8 sich in diesem jappsenden Schimmel wiedererkennen. O wie alle immer einem Angsthasen nachjagen: dem Original *(der sich vor Einfluss fürchtet)*. Dagegen ziel ich vom edlen Fuchs herunter mit wüstem Geschoss. Brachial-fatal. Lebend fangen!!! Ein Explosiönchen folgt dem nächsten. Hernach wird gebraten und gegessen *(ob Has oder Geißlein – mit Böhnchen)*. Es kracht. Man lacht. Die Krüge zwitschern. Die Hirne glitzern.
Ach ja ... »Strickstrumpf, Strickstrumpf, Strickstrumpf / was hat sich Hölterlein dabei gedacht? / Strickstrumpf, Strickstrumpf, Strickstrumpf / er hat vielleicht im Stillen nur gelacht.«
Kehret ein, dann auch in euch, ich scherze zwar, aber mir ist hundsübel zumut, ehrlich. Melancholie spricht nicht, sondern starrt nur Löcher in den Raum. Irgendetwas, sagte Großmutter mit den großen Augen, muss man ja machen. Bitte schön – und das ist schon ganz schön viel. Und schmeckt es auch süß-lustig – bitter wird es im saturnisch grummelnden Magen.

V.
Patmos

Patmos, du bist so trocken. nicht einmal Olivenbäume, keine Buschblüten –
nur das Meer, in Nähe der Hand *(Miniatur)* – eigentlich auch nicht da.
immer juckt das Fell. ein Boot treibt wie eine Cola-Büchse hinaus ins Offene.
Schäfer stinken, sagt man, und die Ziegen stehen stur am Hang.

Touristen *(den Johannes-Kommentar überflogen)* quaken – wie
Trottelmöwen am Quai – vor der Verehrungsvagina. Hafenarbeiter
die gläubig umhergehen. unser kleines Fenster grenzt klar an Aquamarin.
eine Honda, das Schwarz in ihrem Sitz: der einzig klandestine Ort.

abends eine Flamme, zittert im Wind, der von der Bucht herkommt.
die Fremde schwenkt lasziv die Hüfte. o Laster-Lümmelein – die Nacht
eterner Stein. ein Käfer – knistert, Kopfhörer. die Tür ist angelehnt.
und dann Gespräche *(schwerer Wein)* – ach, Mönch Mönch sein

Nun ja, wie soll ich's goldlob wagen zu sagen? Wie Glitter, ohne Abbitte ein wenig verflittern zwischen Bub und Beelze? So viel sei geweissagt: Unwissenheit uetzt vor Strafe nicht. Aber rasante, was der so imposant konnte, mit Posaunen posssierlich im Schlepptau, im NU: flackert's, hui-bu! in HÖllentempo! Ei der Daus, diese Laus, ich glaubt es kaum: Werd alles auf ihn verwetten. Der verdreht einem den Kopf, rollt das Feld von hinten auf, in Wahnsinnslauf: Siehst nur die Ferse *(statt der verzerrten Fresse, die überschäumt)*, wie sie hochfliegt. Bescheiden dagegen meine Kunst. Umsunst. Deshalb dies als tiefe Verneigung, Ehrenbezeigung. Tut mir nur leid, dass überdies vergeigt. Ich schweig — — — Nachtigall *(Nacht-Trab-Zen)*.

VI.

potzdonnerblitz
posiges Protzen des posaunenpustenden
possessiv-prozessionsobsessiven
possierlich-perlenden
postperlmuttern-prangenden
Poeten! pack zu! Pranken!
Panther und Opossum
Puma und Pneuma:
ein Fauch von Gewesnem
ein Hauch von Erlesnem
ein Strauchdieb unter Strolchen
welchen? solchen:

(Pause)

(Flause)

(Poesie)

Ei, was macht denn die Delle im rundum gesunden Gedicht, das dem Original gleicht wie eine Pflaume der anderen? Das ging wohl auf die Schnelle? Rundung im eckigen Quadratschädel der Kritik. Wem all das zu wenig, zu wenig gewitzt oder gleich viel zu aberwitzig, den bitte ich um Nachsicht und Nachschau, auch wenn Verweise gewöhnlich verwaisen: *Privates und Pittoreskes, eine Polemik*. Einer der Texte zur jungen Lyrik, die nie gedruckt wurden. Gelobt sei der entdeckerische Mut solcher Zeitschriften wie allen voran »Schreibkladde«, aber auch »Magenschmerzen«, »Tante Herausgabe«, »Sing und form! – Texte zum kreativen Töpfern«, »Satzvorlage – Steilpässe zur Dichtung« oder zu guter Allerletzt jüngst »Text und Vorsicht bei Kritik«, die sich alle um dieses Pamflittchen rissen, allein sie gab sich, entgegen ihrer Neigung, keinem hin – und steht jungfräulich unbefleckt auf der Seite für lyrikkritik.

Ansonsten gilt: Auf Favoriten setze man nicht, sie bringen kaum Gewinn. Und wenn sie traumhaft schönes Fell und edlen Namen tragen? Aber dann!

VII.
rostrote Abendzeit, Vesper

Brotzeit war und Dämmerung der Tisch gedeckt
du hattest vom Markt frischen Pflaumenwein
mitgebracht ein echter Fusel aber da war noch
das Licht aus dem Kühlschrank milchig floss es
aus über die kühlen Dielen verzeih
dein Vitaminlächeln hatte ich nicht vergessen
und die plötzliche Helle
hoch rittest du hin wie auf blauer Welle

Delle

Dieses Gedicht erklärt sich wie von selbst.

VIII.
Me!telor! *(asklepiadeischer Einschlag)*
Der Pherekrateus ist lediglich ein katalektischer Glykoneus

Harz Raum Grind. schwarz umfasst wie ein Krater. Moos. Wald: Zischgestalt
fliesst Wind Aug. in die Blätter und es rauscht, kaum. grau grollt fern
Wolkenfront. dieser Ton! Historie ... Vers – maß: voll. weg – ge – fetzt
ätzt der Scherz. bist *urst alle, Mann!* nic gewesen: west. Rest: null Kontur.

Rand. Saum. Loch. in den Grund reinzuschaun, im Gedicht, Hort, Wort:
Stock, Stein, Hartbret und Wild. Meteor: Bäume weg, kahler Fleck.
und so fort. immerzu, Nichts – Katarakt: Akt der Verzweiflung – schreckt.
fand ichs vor: Meteor, sprachlos, es hallt, überall, und – zu – letzt

HIRNGESPINSTE *(PAUME)*

Hirngespinste *(Paume)*

Was heißt es, in den Schriften anderer zu hausen? Wenn Wörter schon immer anders sind als die *(nicht)* korrelierenden inneren Phasen, scheint es doch folgerichtig, sich selbst zu enteignen – frei umherzuschwirren: Glühwürmer, solange sie nicht an einem nagen, leuchten in immer neu illuminierten Kosmen *(glühender Unsinn)*. Nur Originale sind sich herzlich gleich, ich bin's! *(a=a)* sagt man zwar *(so steigt man auf Hügel und bedeutet der Landschaft unter sich: Du!)* – wird dadurch aber wenig individuell, höchstens hurtig. Poesie nimmt bedenkenlos auf, holt ein, nimmt und mimt Überholtes und johlt dabei nicht auf: wunderbare Vermehrung von Satz zu Satz, überfließende Sterne, wandernde Milchstraßen, rieselnde Beeinflussung, liquide Symbiosen. Uneins werden und mit melancholischer Fürstengeste haltlos gewordene Dependenzen aufgeben *(und jedes Wort Blüte – mit Mal zu Mal auf – auf!, Rose – rosé)* – und das Wort trifft im Ungefähren ein und geht aus.

Je mehr die *(seufzende)* Hand gespenstisch wie unter einem *(unbeschriebenen)* Laken von einfältigem Licht durch fremde Welten *begeistert*, jedes Zeichen durch die *(verschwindenden)* Zeilen irrentwischt und alles vor dem Auge zu himmlischer Konturenlosigkeit verschwimmt, desto mehr überrauschen uns auch die blauen Wasser der Tintenfässer.
Im widerständigen Nu entfalten sich die Gebirge der zerknitterten Dichterhand *(paume)*, leuchten auf, mit Sonne und Glas versetzt, glaub ich. Stülpt Welt sich einem nicht über, sondern schimmert Horizont um Horizont auf, dann wird aus jedem noch so miniaturhaften lyrischen Format ein Daumenkino: revisionäres Wiederholen, *(kinematografisches)* Erinnerlichen. War das nicht erstaunlich?

Ach, was für Hirngespinste. Eigentlich liegen wir nur auf einem Bett, zeichnen Astern, astres, ätherische Bilder und andere Todeszeichen wie Sterne in den schwarzen Raum und verbinden sie zu Netzen, Reimen. Ummänteln uns mit Poesie, dem mitternachtsbestickten Pelzchen.
Seltsame Umfangenheit *(Absinth)* und nach langer Nacht: Frühlicht, noch fast schwarz.
Da wird das vielverschlissne Wort Losung und Flößung. Fließt über unsre Tatzen, verteilt sich, horch, es rauscht auf in der Acht ... Aber ich bin abgeschweift, sternschnuppernd, erst ins zu Gemeine, dann ins All *(der Abstraktion)*. So ziehen unsere Seelen, von der schreibenden Hand zu den Sternen, weil wir – abstrakt geworden und wie weit schon entrückt, nicht aus Augen wachsam warmer Tiere schauen *(o Mücke, die noch innen hüpft)* ...

Wir sind zwar nicht gefangen, nur umfangen vom eigenen Unterfangen. Wenn ich aber lese: paume *(l.+r.)* und müder Gang zwischen *Buch*Stäben, in traumumfluteten Buchten, hinaufgeblickt: uff, 'alluzinogen *(hallt's)*, und vor rilkescher Einsamkeit doppelt sehe, beseelt, frage ich mich: Wo kann das währen?
Behielten wir doch, wenn wir freier als Wildfangs Stürmen auf blanker Koppel das Haupt schüttelten *(und mit einem Nebensatz über die Ufer! Entsetzten!)*, die Nacht in der gläsernen Mähne.

Wir urteilen ja immer *(na klar)*. Sind frei und teilen uns dennoch mit dem Tier der Schwere den traurig benommenen Wärter hinter Gittern, der nichts vorhersieht, wo er doch beständig harrt – aber immer nur das Nachsehen hat. *(Also: am Boden scharren oder Scharen um sich sammeln?)*
Manchmal aber sind wir ganz zugegen und gehen, unvermittelt vorher wie nachher, durch Arkadien, in das hinein wir, wie unsere Getreuen, die steinschleppenden Übersetzer, Tore bauen für Tote.

die kehren ja wieder, einen Herbst lang. Geh hindurch! Dann geht es durch dich wie durch geschlossene Türen: *(των θυρων κεκλεισμενων)*

138 Jetzt aber! Immer da-ha-hinter, und nicht ganz bei Verstand, doch ziemlich transluzent, wenn man es schon fast vergessen hat, oder ein wenig zügellos wird, fällt der trunkene Kopp des Dichters auf den Tisch in einer fern gelegenen Kaschemme und der Vollrausch beginnt: Überschwemmungen oder schwammige Pilze: So schießen diese Aneignungen aus dem Boden im rauschenden Blätterwald. Mir selbst verdrehen sich dabei nicht nur die Wörter, sondern auch die Augen im Hohlkopf. Wenn ich mich bei all dem auflöse und zweifle bis ins Ver-, dann weiß ich doch Niemand bei mir – es sei denn *(königsberger Klops!)*: Gott sei.

Paume

Paume, doux lit froissé
où des étoiles dormantes
avaient laissé des plis
en se levant vers le ciel.

Est-ce que ce lit était tel
qu'elles se trouvent reposées,
claires et incandescentes,
parmi les astres amis
en leur élan éternel?

Ô les deux lits de mes mains,
abandonnés et froids,
légers d'un absent poids
de ces astres d'airain.
  – *Rainer Maria Rilke*

in den Händen, zart zerknittert
findet man im Frühlicht wie in Kissen
von den Sternen liebe Falten
die sie nach dem Ruhen hinterließen
fortgetaucht in Himmelsweiten.

dort die Freundgestirne wissen
wie viel Helligkeit in ihre Mitte
jeder Stern trägt – die sie halten
dass sie hell und glühend überfließen
in dem Fluss der Ewigkeiten.

Kissen zweier Hände, innen
liegt verlassen, kalt im Lichte
leicht vom Fernsein der Gewichte
strenger Sterne, weiß wie Linnen

Pflaumenduft und frierend-blaue Hände
schlafend? glitzert Licht auf der Toilette
nebenan, wo Überdosis Schlaftabletten
Hände müde machte. bis ans Ende

eines Weltalls flog die Seele. Betten
still betupft mit Sternentropfen –
glosen – weiße Zwerge – glühen ...
zwischen Freunden, echt erschöpften
ewig auszupendeln, einzuruhen ...

o die beiden Betten o die Hände
abgetrieben in den Frost der Fremde ...
während du dich mit Absinth erleichterst
Astern in das reine All einzeichnest

der Blick – nach oben – Kopf in das Genick
zurückgeworfen – dass der Stolz fast bricht –
der Hals – der Leib – durch tausend Stäbe
Bild für Bild geteilt – und: abgeknickt.

da steht man: rezitierend, so als gäbe
Wiederholtes Schwung den schreibend trägen
Händen, die so müd sind, anzufassen
weil sie sternenlos geworden sind und ähneln

dem verschlissnen Horn der Tatzen
die vom ewig sinnlosen Am-Boden-Kratzen
an den Blicken hingehn wie behäbig
und gefangen hinter Reimen Gittern Netzen

Hand, die – im Gepräge all der Knitter-
falten – alt und *(wie Gebirge)* schwer wurd – hält
nichts mehr – fühlt nur: Betten Sterne
und ringsum das schwarze All: *(-uzinogener Hall)*

wie sie einfach dort, in jener Ferne
kalt für sich stehn – und ein Zittern
(wie Verzögerung im Blick) – sie leicht umflirrt
wie ihr Spiegelbild in der Zisterne
einfriert – und kristallen klirrt.

manchmal freilich gehn die Hände
lautlos auf, man weiß es schon *(es dröhnt im
Kopf ja – kreisende Planeten)*: unversöhnte
Sterne – Scharen – weiß: ihr schieres Blenden

in der Falle: flacher Nacken, der sich faltet –
so als fielen achtlos Möglichkeiten hinterrücks
ein – bangst du. in Gedanken kreisend um die alte
Frage, ob die Sprache gleichfalls – wie *(vor Glück?)*

die Mücke – *innen* hüpft? dir fällt die Fläche
deiner Hand auf, wo sich Linien Zeichen
bilden – und – entfachen *(Tropen? Bilder? -sprachen?)*
klar: Figuren. krass. wie weit entrückt
schon, Fern-Stern Rilke. der gelassen

glimmt. dich überfällt nun Schlaf, o weiche
Weite Herz. die weißen Banner einzustreichen ...
Leere ... suchst du Tritt zu fassen *(schlitterst ...)*
hilflos, wie gekrümmt in Raum-Zeit-Gittern